다양한 그래프 간단한 수 × 학

R로 배우는

머신 러닝

요코우치 다이스케, 아오키 요시미쓰 저 | 김형민 번역

YoungJin.com Y.
영진닷컴

다양한 그래프, 간단한 수학, R로 배우는
머신러닝

IMAGE DE TSUKAMU KIKAI GAKUSHU NYUMON by Daisuke Yokouchi, Yoshimitsu Aoki

Copyright ⓒ 2017 Daisuke Yokouchi, Yoshimitsu Aoki

All rights reserved.

Original Japanese edition published by Gijutsu-Hyohron Co., Ltd, Tokyo

This Korean language edition published by arrangement with Gijutsu-Hyohron Co., Ltd.,

Tokyo in care of Tuttle-Mori Agency, Inc., Tokyo through Shin Won Agency Co., Seoul.

ISBN　　978-89-314-6112-1

독자님의 의견을 받습니다

이 책을 구입한 독자님은 영진닷컴의 가장 중요한 비평가이자 조언가입니다. 저희 책의 장점과 문제점이 무엇인지, 어떤 책이 출판되기를 바라는지, 책을 더욱 알차게 꾸밀 수 있는 아이디어가 있으면 이메일, 또는 우편으로 연락주시기 바랍니다. 의견을 주실 때에는 책 제목 및 독자님의 성함과 연락처(전화번호나 이메일)를 꼭 남겨 주시기 바랍니다. 독자님의 의견에 대해 바로 답변을 드리고, 또 독자님의 의견을 다음 책에 충분히 반영하도록 늘 노력하겠습니다.

주 소　　(우)08505 서울시 금천구 가산디지털2로 123 월드메르디앙벤처센터2차 10층 1016호

대표팩스　(02)867-2207

등 록　　2007. 4. 27. 제16-4189호

이메일　　support@youngjin.com

저자 요코우치 다이스케, 아오키 요시미쓰 | **역자** 김형민 | **감수** 이성민 | **책임** 김태경 | **진행** 김민경

표지 디자인 인주영 | **본문 편집** 이경숙

영업 박준용, 임용수 | **마케팅** 이승희, 김근주, 조민영, 김예진, 이은정, 임승현 | **제작** 황장협 | **인쇄** 제이엠

최근 빅데이터 열풍으로 데이터 과학과 인공지능(AI) 등 데이터를 활용하는 학문에 관심이 집중되고 있습니다. 특히 실무에서 응용이 기대되는 인공지능 분야에서는 각 자동차 메이커가 개발하고 있는 자율 주행 AI 또는 Google이 개발한 알파고 등 이미 다양한 분야에서 구현이 시도되고 있습니다.

이 책에서 다루는 머신러닝은 이 같은 인공지능 구현을 지지하는 기반 기술로 주목받고 있습니다. 인공지능의 기반이자 머신러닝을 마스터하려면 난해한 수학에 대한 소양이 필요하다고 생각하실지도 모르지만, 그 기초는 고등학교와 대학교 초기에 배우는 일부 수학을 이해할 수 있다면 충분히 배울 수 있습니다. 물론, 실제 데이터로 머신러닝을 사용하기 위해서는 프로그래밍 기술도 필요하지만 최근의 인기 덕분에 머신러닝 기법은 다양한 프로그래밍 언어로 구현되고 있으며, 라이브러리 및 API(Application Programming Interface)로 제공되기 시작했기 때문에 프로그래밍의 장벽은 매우 낮아지고 있습니다. 그래서 머신러닝의 특징을 제대로 이해한다면 방법을 쉽게 선택할 수 있으므로 프로그램 구현을 원활하게 진행할 수 있을 것입니다.

이런 취지를 달성하기 위해서 이 책은 이과를 전공하지 않은 독자나 프로그램은 어느 정도 만들 수 있지만 수학을 이해하는 것은 어렵다는 독자들이 머신러닝의 기초를 간단한 수학 및 다양한 그래프를 통해 이해할 수 있는 것, 데이터에 적합한 머신러닝을 선택할 수 있는 것, 기초 지식을 축적하는 것, 그리고 통계 분석 환경인 R을 이용해서 이 책에서 다루는 머신러닝을 실제 데이터에 적용할 수 있는 것을 목표로 기획되었습니다. 이책의 내용은 머신러닝의 대표적인 기법으로 한정하고 있는데 그 부분에 대해서는 양해를 부탁드립니다. 또 이렇게 내용에 제한을 두고 있기 때문에 머신러닝을 본격적으로 공부하려는 이공계 대학생이나 대학원생, 교육기관 및 연구 기관의 연구자라면 이 책의 내용만으로는 부족한 부분이 있을 것입니다. 그런 분들이나 이미 책을 읽은 독자라면 더 깊이있는 머신러닝 전문 서적으로 더 공부할 것을 권장합니다.

요코우치 다이스케, 아오키 요시미쓰

2016년 3월 구글의 알파고가 한국 바둑계의 전설인 이세돌 9단을 무려 4승 1패의 성적으로 꺾었습니다. 이런 세기의 이벤트 덕분에 알파고에 사용되었던 딥러닝이 크게 부각되었습니다. 이어서 자연스럽게 인공지능, 머신러닝(기계학습)과 같은 단어들도 자주 들립니다. 처음에는 비슷해 보이기에 같은 단어라고 오해를 하기도 합니다. 하지만 조금 더 정확히 짚어 보면 딥러닝은 머신러닝의 일부이고, 머신러닝은 인공지능의 일부입니다. 딥러닝은 그야말로 머신러닝의 꽃이라고 부를 수 있을 정도로 뛰어난 성능을 자랑하고 있고 많은 연구와 다양한 시도가 끊이지 않고 있습니다. 하지만 그 뿌리는 분명 머신러닝에 있습니다. 그러니 딥러닝을 잘 알기 위해서는 머신러닝 역시 일정 수준 이상 이해할 필요가 있습니다. 『다양한 그래프, 간단한 수학, R로 배우는 머신러닝』은 그런 목적에 있어서 가장 좋은 선택지 중 하나입니다.

저자들은 간단하게 그래프와 수학, 그리고 R 프로그램을 통해서 머신러닝의 대표적인 방법들을 설명해주고 있습니다. 그리고 그 설명은 딥러닝의 출발점이라고 할 수 있는 신경망까지 이어집니다.

이 책을 읽으면서 가장 인상 깊었던 점 중 하나는 머신러닝의 방법들에 대한 균형 잡힌 시각을 보여준다는 점이었습니다. 딥러닝은 매우 뛰어난 성능을 보여주고 있지만 그 내부를 개발자가 확인하기 어렵기 때문에 블랙박스 방식이라고 불리기도 합니다. 결과만을 중요시한다면 상관 없다고 생각할 수도 있지만 우리 삶의 중요한 부분을 머신러닝에 맡긴다고 했을 때 우리가 그 방향을 가늠할 수 없다는 것은 매우 치명적인 결점이 될 수도 있습니다.

이 책에서는 다른 머신러닝 방법들이 가질 수 있는 장점들을 잘 설명합니다. 머신러닝의 대표적인 방법인 판별 분석, 서포트 벡터 머신, 로지스틱 회귀 모델, 그리고 신경망 모델 각각을 동일한 과제의 분류 문제에 적용하고 그 차이를 비교를 해줍니다. 각 방법들의 특징이 드러나면서 상황에 맞는 방법 찾기의 중요성을 좀 더 이해할 수 있습니다. 그리고 모델 출력 오류 종류를 분류하고, 오류의 차이에 따라서 모델의 활용도가 달라질 수 있다는 점 역시 보여주는데 이 관점은 제가 당시 개발하던 모델을 보는 관점을 크게 바꾸어주기도 했습니다.

이런 균형잡힌 시각을 제시할 수 있는 것은 저자들이 단순히 연구만을 해온 것이 아니라 실제 현장에서 다양한 머신러닝의 방법들을 활용해서 문제를 해결해 왔기 때문인 것 같습니다. 만약 머신러닝의 기초나 머신러닝 모델을 균형잡힌 시각으로 보는 것에 관심이 있으신 분이라면 꼭 한번 읽어보시기를 권하고 싶습니다.

감사합니다.

김형민

목차

머리말   003

역자의 말   005

Part 1 시작하면서

CHAPTER 1.1   **머신러닝이란**   012

CHAPTER 1.2   **R을 이용한 실습**   015

Part 2 회귀

CHAPTER 2.1   **선형 회귀 모델**   018

CHAPTER 2.2   **선형 회귀 모델의 계수 추정**   027

2.2.1 최소제곱법   027

2.2.2 최대우도법   040

CHAPTER 2.3   **잔차에 의한 모델 검토**   046

컬럼 극값과 편미분   054

CHAPTER 2.4   **모델의 설명력 – 결정계수와 상관계수**   057

컬럼 비선형 회귀 모델의 피팅   062

CHAPTER 2.5   **회귀 모델의 한계 – 분류의 응용**   062

Part 3 경계에 의한 분류

| CHAPTER 3.1 | 선형 판별 분석 | 081 |

3.1.1 평면을 분할한다   081

3.1.2 판별 분석을 실현하는 방식   085

3.1.3 R을 이용한 선형판별 분석   091

| CHAPTER 3.2 | 서포트 벡터 머신 | 095 |

3.2.1 완전하게 분류할 수 있는 문제에 대해서   095

3.2.2 선형 분리가 불가능한 문제에 대해서   100

3.2.3 커널 함수의 이용   101

3.2.4 R을 이용한 서포트 벡터 머신   104

Part 4 확률에 의한 분류

CHAPTER 4.1	로지스틱 회귀 모델	110
CHAPTER 4.2	로지스틱 회귀 모델의 피팅	115
CHAPTER 4.3	로지스틱 회귀 모델의 파라미터 추정	122

Part 5 신경망에 의한 분류

CHAPTER 5.1	피드 포워드 신경망	128
CHAPTER 5.2	3층 구조의 피드 포워드 신경망	130
CHAPTER 5.3	가중치 추정 방법 – 오차 역전파법	133
CHAPTER 5.4	R을 이용한 신경망의 추정	137
CHAPTER 5.5	딥러닝으로 가는 출발점	144
컬럼	신경 세포(뉴런)와 신경망	147

Part 6 설명변량의 추가와 예측 정확도의 평가

CHAPTER 6.1	설명변수를 늘리다	156
	6.1.1 분류 문제의 재설정	156
	6.1.2 각 분류법의 적용	161
CHAPTER 6.2	예측 정확도의 평가	179
	6.2.1 인 샘플과 아웃 샘플	179
	6.2.2 데이터의 의미를 생각한 예측 평가 방법	193
CHAPTER 6.3	정리	202
	찾아보기	204

시작하면서

CHAPTER 1.1
머신러닝이란

지금까지 물건이나 사건을 좋고 나쁨을 판단하는 것은 사람의 역할이었습니다. 하지만 데이터가 풍부하게 갖추어진 환경, 흔히 이야기하는 빅데이터의 등장에 의해서 이런 판단 자체를 기계에 맡기려고 하는 움직임이 일어나고 있습니다. 예를 들면, 일부 질병에 대한 진단도 그중 하나입니다. 이렇게 기계에 맡기려는 시도가 검토되고 있는 것은 판단의 책임을 기계에 떠맡기고 회피하려는 것이 아니라 객관적이고 합리적으로 판단을 내려주지 않을까 하는 기대감 때문입니다. 물론 그 객관성과 합리성은 충분한 데이터가 있어야 얻을 수 있습니다. 이 책에서 다루는 머신러닝은 이렇게 충분한 양의 데이터를 통해서 객관성을 갖추고 수학적(또는 통계적)으로 합리성이 있는 결정을 내리는 기술을 의미합니다.[1]

머신러닝에서 '학습'을 좀 더 구체적으로 표현한다면, 데이터에서 의미있는 규칙과 분류에 대한 기준을 찾아내어 데이터가 생성되는 메커니즘이나 데이터가 보여주는 개체의 특징을 알고리즘으로 파악하는 것이라고 할 수 있습니다. 그 학습 결과를 이용해서 새로운 데이터에 대한 예측을 제공하는 방법이 머신러닝이라는 것입니다. 여기서 말하는 학습에는 2가지 의미가 있습니다.

- **지도 학습**
  컴퓨터에 문제와 그 답을 한 쌍으로 제공해서 학습시킵니다. 충분한 학습을 진행한 후, 해결하려는 문제를 컴퓨터에게 주고 그 문제에 답하게 하는 것이 목적입니다. 회귀, 분류 등의 방법이 대표적입니다.

....
1 '머신러닝'이라는 단어는 일반적으로 컴퓨터에게 사람과 같은 학습 능력을 습득시키는 기술이라는 의미로 사용되는 경우가 많습니다.

- **비지도 학습**

  답이 없는 문제를 컴퓨터가 풀도록 하는 목적으로 지도 학습과 달리 학습의 목표가 명확하지 않습니다. 클러스터링, 이상치 검출 등의 방법이 대표적입니다.

이 2가지 학습에 대한 설명 중에 등장한 학습 방법에 대해 좀 더 자세히 살펴보겠습니다.

- **회귀**

  y를 실수, x를 실수값 벡터라고 했을 때, $y=f(x)$라는 실수값 함수 f를 추정하는 학습 방법입니다. 입력 표본 x_i와 출력 표본 y_i쌍에서 미지의 함수 $\hat{f}$를 추정합니다. 학습에는 데이터 세트 (x_i, y_i), $i=1, \cdots, n$을 사용합니다. x_i는 교사에게 묻는 질문이고, y_i가 교사의 답이라는 구조를 가집니다.

- **분류**

  기본적인 틀은 회귀와 같지만 y가 클러스터를 나타내는 레이블(유한 이산값)이라는 점이 회귀와 다릅니다.

- **클러스터링**

  각 입력 표본 x_i, $i=1, 2, \cdots, n$에 대해 적절한 클러스터를 나타내는 레이블을 부여하는 문제이며, 각 클러스터에 속한 표본이 가능한 균일한 성질을 갖도록 학습을 시킵니다. 따라서 표본의 유사성 측정 방법이 중요합니다.

- **이상치 검출**

  각 입력 표본 x_i, $i=1, 2, \cdots, n$에 대해 정상치와 이상치라는 2개의 레이블을 부여하는 학습입니다. 일반적으로 밀집해 있는 표본에 정상을 의미하는 레이블을 집단에서 벗어나 있는 표본에 이상을 의미하는 레이블을 부여하는 방식으로 학습합니다.

- **차원 축소**

  입력 표본 v_i, $i=1, 2, \cdots, n$을 저차원 표현 w_j, $j=1, 2, \cdots, m$, $m<n$으로 변환하는 문제입니다. $v_i=(x_i, y_i)$일 때, 지도 차원 축소 $v_i=x_i$일 때를 비지도 차원 축소라고 합니다. 참고로, 주성분 분석은 비지도 차원 축소입니다.

만약 데이터 마이닝[2]을 잘 알고 있다면 머신러닝과의 차이가 잘 이해되

---

2 옮긴이 주_ 데이터 마이닝이란 많은 양의 데이터 속에서 체계적이고 자동적으로 숨겨져 있는 통계적 규칙이나 패턴을 찾아내는 것을 의미합니다. 예를 들면 미국 경찰은 7년간의 범죄 데이터를 분석해서 특정 지역에서 어떤 종류 범죄가 일어날지 그 관계성을 파악하려고 노력했습니다. 이 관계성을 바탕으로 범죄를 미리 방지하기 위해 노력했고 실제로 범죄 예방률은 15% 정도 높아졌다고 합니다.

지 않을 수도 있습니다. 데이터 마이닝의 목적은 데이터에 숨어있는 '아직 알려지지 않은 특징'을 추출하는 것입니다. 따라서 앞에 잠깐 등장한 '비지도 학습'의 '차원 축소'라는 방법은 데이터 마이닝 그 자체라고 할 수 있습니다. 하지만 머신러닝의 목적은 대부분의 경우 데이터에서 얻을 수 있는 '이미 알고 있는 특징'을 통해서 모델을 학습시키고 그 모델을 통해서 예측을 하는 것에 있습니다. 그리고 비지도 학습은 어디까지나 머신러닝 본래의 목적을 달성하기 위해서 특징을 추출하는 (즉, 이미 알고 있는 특징이 없을 경우 사용할 수 있는 특징을 생성하는) 전처리로 사용되는 경우가 대부분입니다. 따라서 데이터 마이닝과 머신러닝 방법은 겹치지만, 이용 목적에 큰 차이가 있습니다.

이 책에서는 머신러닝 중에서도 실무에서 가장 많이 사용되는 회귀와 분류를 다룹니다. 수학이나 그래프를 이용해서 쉽게 해설하고 실제 데이터에 적용하는 과정을 통해 대표적인 머신러닝 방법을 설명합니다. 이 책에서는 고등학교 수학과 대학교 1학년 수준의 선형대수학, 미적분, 확률통계의 내용이 가끔씩 등장합니다. 졸업 후 잊어버린 분들도 이해할 수 있도록 가능한 자세하게 설명할 것이지만, 그래도 기억이 나지 않는 분이나 전혀 학습을 하지 않으신 분들은 수학 교과서 등으로 보충해주시기 바랍니다.

CHAPTER 1.2
R을 이용한 실습

이 책에서는 수학을 이용한 해설뿐만 아니라 **R**이라는 통계 프로그래밍 환경을 이용하고, 설명한 머신러닝 모델을 실제 데이터에 적용해 봅니다. 책을 효과적으로 읽기 위해서는 **R** 프로그램을 다운로드하여 각자의 컴퓨터에 설치하실 것을 권장합니다.

R은 무료 소프트웨어이므로 **R** 프로젝트의 홈페이지에서 다운로드할 수 있습니다.

http://www-project.org

Windows, Mac, Linux 버전이 준비되어 있으므로 OS에 맞게 다운로드하여 각자 설치하면 됩니다. 기본적으로 설치패키지의 지시에 따라 'Next 〉 버튼'을 클릭해서 진행하면 설치가 완료됩니다. **R**을 PC에 설치했다면 영진닷컴 홈페이지에서

http://www.youngjin.com

연습용 데이터 Samples.RData를 다운로드 합니다. 일반 설치를 통해 **R**를 설치한 경우 다운로드한 데이터 Samples.RData에서 **R**이 자동으로 연결됩니다. 이 Samples.RData를 더블클릭하면 **R**이 시작되고 연습 데이터가 자동으로 **R**에 로드됩니다. 책을 읽고 진도가 나갔다면 꼭 Samples.RData 데이터를 동작 시켜봅니다. **R**이 성공적으로 동작했다면, Windows의 경우 그림 1.1과 같은 창이 나타납니다. 연습은 이 R Console이라고 불리는 서브 윈도우 안의 프롬프트에 명령을 대화식으로 입력하면서 진행합니다. 물론 R Studio와 같은 더 발전된 도구를 사용하는 분은 해당 데이터를 가져와서 연습을 하셔도 상관없습니다.

이 책에 나오는 **R** 데이터나 프로그램은 Windows7 및 Windows10에서 64비트용 **R** (R-3.3.1)에서 동작을 확인했습니다.

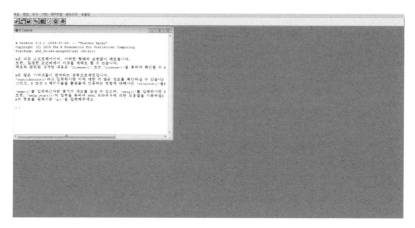

그림 1.1 Windows용 R 프로그램의 인터페이스

이후 버전의 **R**이나 기타 OS에서도 동작하겠지만, 혹시 동작하지 않는 경우가 있다면 미리 양해 부탁드립니다.

회귀

이 장에서는 머신러닝의 가장 기본적인 내용 중 하나인 회귀를 다룹니다. 회귀는 머신러닝뿐만 아니라 통계적 데이터 분석 및 기타 계량적인 분석에서도 자주 사용되는 방법입니다. 여기에서는 선형 결합을 응용한 선형 회귀 모델을 중심으로 소개합니다. 참고로 실무에서 사용되고 있는 모델의 대부분이 선형 회귀 모델입니다. 또한 머신러닝 관련 서적의 대부분은 회귀 이론과 실제 데이터의 피팅 방법만 다루고 있지만 이 책에서는 실무에서 응용하는 것을 목적으로 모델 피팅이 잘 되었는지 여부와 결과를 해석하는 이론에 대해서도 다룹니다.

CHAPTER 2.1
선형 회귀 모델

통계 모델이란 복수의 변량간의 관계를 나타내는 일종의 함수이고 많은 경우

$$Y = f(X_1, X_2, \cdots) + \varepsilon$$

라는 함수의 형식을 취하고 있습니다. 여기서 Y, X_1, X_2는 변량(variate)이고 ε는 오차항[1]이 됩니다. 참고로, 수학의 세계에서는 Y나 X_1 등을 변수(variable)라고 부르지만 통계학이나 데이터 사이언스에서는 변량이라고 부르는 경우가 많습니다. 그 차이는 변수가 숫자를 대신하는 것이라면 변량은 관측 대상의 속성(측정 부위)이라는 구체적인 존재가 그 배경에 있는 것을 의미합니다. 예를 들어, 어느 양수 X를 변수이지만 사람의 키로 생각한다면 그것은 변량이며, 관측 대상은 인간이고, 그 속성으로 키

....
1 각 관측마다 확률 분포에 따라서 발생하는 값으로, 일종의 노이즈라고 생각하면 됩니다.

를 측정하는 것이 됩니다.

또한 통계 모델에서는 Y를 피설명변량 X_i, $i=1, 2, \cdots$, 를 설명변량이라고 합니다. 이 구별은 Y라는 변량을 X_1, X_2, $\cdots$라는 여러 변량으로 설명한다는 의미가 담겨 있습니다. 수학에서는 Y는 종속변수이고 X_1, X_2, $\cdots$는 독립변수라고 부릅니다.

다음은 f에 대해서 다음과 같은 선형 함수를 생각해 보겠습니다.

$$Y = \alpha + \beta_1 X_1 + \beta_2 X_2 + \cdots + \beta_p X_p + \varepsilon$$

이 모델은 선형 회귀 모델입니다. 여기서 설명변량을 하나로 줄여서

$$Y = \alpha + \beta X + \varepsilon$$

을 단순 선형 회귀 모델이라고 부릅니다. 이번 절에서는 이 단순 선형 회귀 모델을 통해서 선형 회귀 모델의 개요를 간단하게 설명합니다.

어떤 관측 대상의 속성 X, Y를 측정한 데이터 세트 (x_i, y_i), $i=1, 2, \cdots, n$에 대해서 생각해 보겠습니다. 그리고 X와 Y 사이에 숨어 있는 선형 관계를 추정하는 문제를 살펴보겠습니다. 좀 더 구체적으로 예를 들면, 어떤 날의 자동차 산업의 주식 수익률과 달러/엔 환율의 수익률 사이에는 선형 관계가 존재한다고 가정하고 과거 데이터를 바탕으로 추정하고자 하는 문제와 같은 것입니다.[2]

i번째의 관측 y_i에는 관측 오차인 잔차 u_i가 포함된다고 가정하고

$$y_i = \alpha + \beta x_i + u_i \tag{2.1}$$

가 성립한다고 가정하겠습니다. 이때 계수 α, β는 미지수이므로 그 값을 추정해야 합니다. 이러한 모델의 계수를 데이터로부터 추정하는 것을

---

2 일본의 자동차 산업은 수출업이기 때문에 그 주가와 환율은 밀접한 관계가 있다고 알려져 있습니다.

'데이터에 대한 모델의 피팅' 또는 단순히 '모델 피팅'이라고 합니다.

그렇다면 R을 이용해서 실제 데이터에 단순 선형 회귀 모델을 피팅해 보겠습니다. 선형 회귀 모델을 피팅 할 lm 함수는 다음과 같이 사용합니다.

> lm(모델식, data=이용할 데이터 프레임 이름)

R의 모델식 기술 방법은 독특하기 때문에 자세하게 설명해 보겠습니다. 이번에 이용하고 싶은 회귀 모델은

$$Y = \alpha + \beta X + \varepsilon$$

입니다. 피설명변수 Y와 설명변수 X의 데이터는 R에서는 X, Y라는 객체가 됩니다. 이 때 단순 선형 회귀 모델은 다음과 같은 형식으로 지정합니다.

> **R의 모델식에서 단순 선형 회귀 모델의 기술 방법**
>
> Y ~ X

또 R에서는 기본으로 절편항이 채용되어 있기 때문에 α는 지정할 필요가 없습니다.[3]

그럼 예를 들어 2개의 주식 수익률의 관계를 단순 선형 회귀 모델로 나타내겠습니다. 모델을 데이터에 적용하기 전에 두 변량의 관계를 그림으로 확인합니다. 그림 2.1은 가로축에 주식 X의 주식 수익률, 세로축에 동일한 시점에서 종목 Y의 주식 수익률 산포도입니다. R의 그래프는 기본적으로 plot 함수로 그려집니다. 산포도를 그리려면 다음과 같이 입력합니다.

....

[3] 절편항을 채용하는 것을 명시적으로 지정하기 위해서는 Y~1+X라고 기술합니다. 반대로 절편항을 채용하지 않는 경우, 즉 단순 선형 회귀 모델 $Y = \beta X + \varepsilon$을 채용하는 경우에는 모델식을 Y~-1+X라고 합니다.

```
plot(x좌표의 데이터, y좌표의 데이터)
```

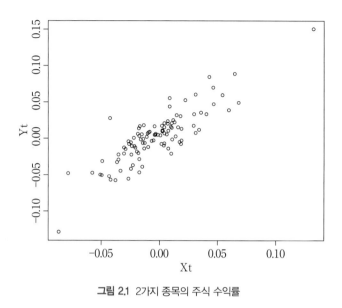

그림 2.1 2가지 종목의 주식 수익률

종목 Y의 수익률을 Yt. 종목 X의 수익률을 Xt라는 객체로 저장했기 때문에

```
> plot(Xt, Yt)
```

이라고 하면 그림 2.1을 얻을 수 있습니다.

다음 2개의 수익률 데이터에 단순 선형 회귀 모델을 피팅 시킵니다. 그림 2.1을 보면 알 수 있는 것처럼 둘은 완전한 선형 관계가 아닙니다. 그 오차를 흡수하고 있는 항이 오차항 ε이고 (2.1)에서 보았던 잔차 u_i에 의해서 표현되고 있습니다.

그렇다면 **R**을 사용해서 절편 α와 기울기 β를 구해보겠습니다. 다음과 같이 입력합니다.

```
> result=lm(Yt~Xt)
```

여기서는 lm 함수를 사용해서 선형 회귀 모델(여기서는 단순 선형 회귀 모델)을 피팅한 결과를 result라는 객체에 보관하고 있습니다. 분석 결과의 자세한 내용을 확인하기 위해서는 summary 함수를 사용합니다.

```
summary(확인하고 싶은 결과 객체 이름)
```

그렇다면 결과를 보관한 객체 result를 summary 함수에 전달해서 피팅한 결과의 상세 정보를 확인해 봅니다.

```
> summary(result)

Call:
lm(formula = Yt ~ Xt)

Residuals:
     Min        1Q    Median       3Q       Max
-0.049096 -0.011265  0.001978  0.011698  0.063708

Coefficients:
             Estimate Std. Error t value Pr(>|t|)
(Intercept) 0.005502  0.001807    3.045  0.00295 * *
Xt          0.977899  0.058062   16.842  < 2e-16 * * *
---
Signif. codes:  0 '* * *' 0.001 '* *' 0.01 '*' 0.05 '.' 0.1 ' ' 1

Residual standard error: 0.001844 on 103 degrees of freedom
Multiple R-squared:  0.7336,    Adjusted R-squared:  0.731
F-statistic: 283.7 on 1 and 103 DF,  p-value: < 2.2e-16
```

절편 α와 기울기 β의 추정치는 Coefficients: 부분에 기재되어 있습니다. α는 절편항의 계수이기 때문에 (Intercept)의 Estimate를 확인하고, β는 설명변량 Xt의 계수이기 때문에 Xt와의 Estimate를 확인합니다.

각각 0.005502, 0.977899이기 때문에 이번 Yt 모델의 피팅 결과는 오차를 u_i라고 설정하면

$$Yt = 0.005502 + 0.977899 \times Xt + u_i$$

를 얻을 수 있습니다.

또한 Coefficients : 중 오른쪽에 적혀있는 Pr (> | t |)는 귀무가설(또는 영가설)[4]의 p값을 보여주고 있습니다. 조금 더 풀어서 설명하자면 '만약 계수가 0이라고 가정했을 때 앞에서 얻은 추정값이 나타날 확률'을 나타내고 있습니다.

계수가 0이라고 가정하고 계산하고 있기 때문에 p값이 크면 실제로 계수가 0일 가능성이 높다는 것을 의미합니다. 즉, 이 추정값이 계수가 0일 때도 자주 나타나는 값이기 때문에 계수가 0일 가능성이 높다는 것입니다.

반대로 p값이 낮으면 계수가 0이라는 가정했을 때는 거의 나오지 않는 추정값이라는 의미가 됩니다. 따라서 계수가 0이라는 가정 자체가 잘못되었을(계수가 0이외의 값일) 가능성이 높다는 것입니다.

이렇게 설정한 가설을 통계학에서는 귀무가설(영가설)이라고 부릅니다. 어느 정도의 확률을 임계값으로 하는지에 따라서 귀무가설을 기각할지 채택할지의 판단은 달라집니다. 일반적으로는 가설검정에서는 p값이 0.05(5%)이하이면 그 가설이 기각되고 설명변량으로서 의미가 있다고 보는 경우가 많습니다. 이렇게 설정된 임계값은 유의 수준이라고 부릅니다.

Pr (> | t |) 열 옆에 있는 *의 수는 p 값이 0.1% 이하이면 3개, 1% 이하이면 2개, 5% 이하이면 1개, 10% 이하이면 .(마침표)가 붙습니다. 이번

....

4 옮긴이 주_ 귀무가설(또는 영가설)은 일반적으로 기각될 것이 예상되어 세워진 가설입니다. 실제로 검증을 하려고 하는 가설은 대립 가설이라고 부릅니다. 여기서는 계수가 0이라는 것이 귀무가설(영가설)이 되고 실제로 검증을 하고 싶은 대립 가설은 계수가 0이 아니라는 것이 됩니다.

결과는 유의 수준 5%에서 검정을 실시했다고 하면 α도 β도 귀무가설이 기각되기 때문에 추정치는 유의미한 값이라고 판단할 수 있습니다.

회귀 모델 피팅의 성능은 모델의 설명력이라고 합니다. 모델의 설명력을 나타내는 하나의 지표로 결정계수가 있습니다. 결정계수는 0에서 1까지의 값을 취하고 값이 클수록 설명력이 높다는 것을 의미합니다. 또한, 결정계수는 소수이므로 100을 곱하여 백분율로 표시하거나 비율로 표현하는 경우도 있습니다. 이번 분석 결과에서는 Multiple R-squared:에 기록되어 있으며 0.7336이라는 값을 확인할 수 있습니다. 일반적으로 결정계수 0.5를 초과하는 선형 회귀 모델이면 충분한 설명력이 있다고 판단하는 경우가 많기 때문에 이 수치라면 단순 선형 회귀 모델의 설명력이 높다고 판단해도 좋습니다.

단순 선형 회귀 모델은 식의 형태를 보고 알 수 있듯이 직선이므로 피팅에 의해 얻어진 단순 선형 회귀 모델은 그림 2.1에서 직선으로 나타낼 수 있습니다. 그러면 얻어진 단순 선형 회귀 모델을 그림 2.1에 그려봅니다. 이미 **R**에 표시된 그림에 직선을 겹쳐서 그리는 경우에는 abline 함수를 이용합니다.

```
abline(직선의 정의, lty=직선의 종류, col=색 지정)
```

abline에서 직선 정의 설정 방법은 다음과 같습니다. x축에 평행한 수평 직선을 그리려는 경우에는 h로 지정합니다. h는 수평을 나타내는 Horizontal의 이니셜이며 x축을 그리려는 경우에는 h=0으로 입력합니다. 한편, y축에 평행한 수직선을 긋고 싶은 경우에는 v를 지정합니다. v는 수직을 나타내는 Vertical의 이니셜을 딴 것으로 y축을 그리려는 경우에는 v=0을 입력합니다. 또한 절편 1, 기울기 2인 직선 $y=1+2x$를 그리려는 경우에는 a=1, b=2라고 입력합니다.

abline의 직선 유형은 수치로 지정합니다. 실선의 경우 lty=1, 파선의 경우 lty=2, 점선의 경우 lty=3입니다. 특별히 지정하지 않는 경우에는 실선이 그려집니다.

또한 abline의 색 지정도 수치로 전달합니다. 검정 1, 빨강 2, 녹색 3, 파랑 4처럼 설정 할 수 있습니다. 별도로 지정하지 않는 경우에는 검정색이 선택됩니다. 위에 언급한 것 이외에도 직선 종류 및 색상이 있지만, 자세한 내용은 **R** 설명서 등을 참고하시기 바랍니다. 또 이러한 옵션 인수는 먼저 산포도 그리기에 사용한 plot 함수에서도 그대로 사용할 수 있습니다.

다음은 **R**에서 abline의 사용 방법의 실제 예입니다.

```
> abline(h=0)
> abline(v=0, lty=2, col=2)
> abline(a=1, b=2, lty=3, col=4)
```

첫 번째 명령을 입력하면 x축(높이 0인 수평 직선)이 그려집니다. 직선의 종류와 색상은 지정하지 않았기 때문에 검은색 실선이 겹쳐서 그려집니다. 다음 명령은 y축이 빨간색 점선으로 그려집니다. 마지막 명령은 절편 1, 기울기 2인 직선이 파란색 점선으로 그려집니다. 또한 선형 회귀 모델의 추정 결과에 따라 직선을 그리려는 경우에는 피팅 결과를 저장한 객체를 그대로 abline 함수에 전달합니다. 예를 들면 결과가 result에 저장되어 있는 경우는

```
> abline(coef(result))
```

라고 입력하면 원하는 직선을 얻을 수 있습니다.

그럼 이번 선형 회귀 모델 피팅 결과를 그래프로 그려보겠습니다. 우선 데

이터 지점을 표시한 산포도를 작성합니다. x축과 y축은 점선으로 그리고, 마지막으로 회귀 직선을 겹쳐서 그립니다. 다음은 실행하는 명령어이며 입력한 결과는 그림 2.2에서 확인할 수 있습니다.

```
> plot(x=Xt, y=Yt)
> abline(h=0,lty=3)
> abline(v=0,lty=3)
> abline(coef(result))
```

그림 2.2의 회귀 직선에 관측 값인 점이 집중되어 있기 때문에 피팅이 잘 된 것을 알 수 있습니다. 이 결과는 0.7을 초과한 결정계수의 높이와도 맞아 떨어집니다.

이처럼 단순 선형 회귀 모델은 매우 단순한 구조이지만 2개의 변량 간의 관계를 표현할 수 있습니다. 다변량 선형 회귀 모델도 이 절에서 설명한 결정계수의 계산과 계수의 가설검정을 실시할 수 있으므로, 선형 회귀 모델의 피팅 상태는 쉽게 판단할 수 있습니다.

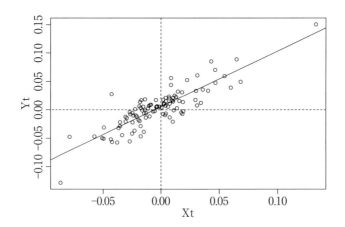

그림 2.2 두 주식의 수익률과 단순 선형 회귀 모델의 피팅 결과

CHAPTER 2.2
선형 회귀 모델의 계수 추정

선형 회귀 모델의 기본적인 특성과 R을 이용한 간단한 분석 방법에 대해 설명했습니다. 지금부터는 선형 회귀 모델의 성질, 절편과 기울기를 구하는 방법 등에 대해 설명합니다. 계산은 편미분 등 일부 어려운 수식이 나오기 때문에 처음 배우는 분은 이 절의 내용을 빼고 읽거나 흐름을 파악하는 정도로 읽어도 괜찮습니다.

2.2.1 최소제곱법

선형 회귀 모델의 절편 α와 기울기 β의 결정 방법에 대해서 간단히 정리해 보겠습니다. 먼저 선형 회귀 모델의 도입까지를 간단히 살펴보자면, 선형 회귀 모델에서는 피설명변량 Y와 설명변량 X의 관계를 'X에 의해 설명(결정)된 Y'라고 설명하고 설명할 수 없는 부분에는 잔차 ε을 도입한

$$Y = \alpha + \beta X + \varepsilon$$

라는 모델을 살펴보았습니다.

설명변량 X와 피설명변량 Y에 대해 각 변량별 데이터를 $\boldsymbol{x} = \{x_1, x_2, \cdots, x_n\}$, $\boldsymbol{y} = \{y_1, y_2, \cdots, y_n\}$로 해서, i번째 데이터 쌍을 (x_i, y_i)로 나타냅니다.

지금 n쌍의 데이터 (x_1, y_1), (x_2, y_2), $\cdots$, (x_n, y_n)를 이용하여 선형 회귀 모델의 절편 α와 β를 추정하는 것이 여기에서의 목적입니다.

물론, 데이터가 모두 $y_i = \alpha + \beta x_i$라는 관계라면 쉽게 절편 및 기울기를 구할 수 있겠지만 그림 2.2에서 확인한 것처럼 모든 데이터가 직선에 완전히 일치하는 경우는 거의 없습니다.

그래서 직선으로부터의 차이를 잔차로 생각합니다. 잔차란, 각 데이터 (x_i, y_i)와 비교해서 생성된 차이를 가리키고 $u_i = y_i - \alpha - \beta x_i$라고 정의합니다. 모델에 대응한 형식으로 다시 쓰면

$$y_i = \alpha + \beta x_i + u_i$$

라는 형태가 됩니다.

그런데, 여기서 α와 β의 추정치란 도대체 무엇을 의미할까요? 그건 모든 데이터와 직선의 차이가 가장 작아지는 절편과 기울기를 가리킨다고 생각해 볼 수 있습니다. 그림 2.3에서는 동일한 데이터의 산포도에 대해 2가지 종류의 직선을 겹쳐 그리고 있습니다. (a)에 나타난 것과 같이 데이터가 오른쪽을 향해서 약간 상승하는 경향을 보이고 있습니다.

따라서 (b)와 같이 거의 수평인 직선을 그리면 왼쪽에서는 데이터보다 위에 위치하고, 오른쪽에서는 데이터보다 아래에 직선이 위치하게 되어서 전체적으로 큰 차이가 생깁니다. (c)에서는 데이터가 오른쪽으로 상승하는 추세에 따라 오른쪽으로 상승하는 직선을 그리고 있습니다.

따라서, 직선과 데이터의 차이는 (b)에 비해 작아서 보다 데이터에 잘 들어맞는 것을 직관적으로도 알 수 있습니다.

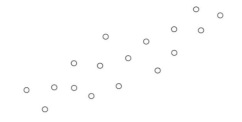

(a) 데이터 산포도

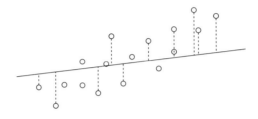

(b) 데이터의 산포도에 거의 수평한 직선을 긋는다.
좌우 양끝에서 직선과 데이터들의 거리가 멀어지고 있다.

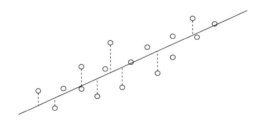

(c) 데이터의 산포도에 오른쪽으로 상승하는 직선을 긋는다.
직선과 데이터들의 거리가 가까워지고 있다.

그림 2.3 직선과 데이터들의 거리가 가까운 직선을 그리는 이미지

하지만, 항상 사람이 데이터를 관찰해 얻은 경향에 따라 직선을 그릴 것은 아니기 때문에 데이터와 직선의 전반적인 차이를 정량적으로 평가하는 방법이 별도로 필요합니다.

 데이터와 직선의 전체적인 차이는 각 데이터 대해 정의했던 잔차 u_i를 평가하면 됩니다. 다만 단순하게 u_i의 합을 고려해버리면 직선 위쪽의 점과 아래쪽의 점의 부호가 다르기 때문에 서로 상쇄되어 버립니다.

그래서 u_i의 합이 아니라 제곱의 합을 고려해야 합니다. 제곱의 합을 고려하는 이유는 다음 2가지가 있습니다. 첫 번째 이유는 제곱한 모든 값이 0 이상을 취합니다. 즉, 모든 데이터에서 정의한 $u^2_i \geqq 0$가 된다는 것입니다. 그중 $u_i = 0$의 경우는 직선 위에 데이터가 올라가 있는 경우를 가리킵니다. 잔차의 제곱은 모두 0 이상의 값을 취해야 합니다. 따라서 u_i의 총합을 더했을 때 양수, 음수가 상쇄되는 상황을 피하고 데이터의 차이가 가장 작은 직선을 선택하려면 잔차의 제곱의 총합 $\sum_{i=1}^{n} u^2_i$을 최소로 하는 α, β를 고르면 됩니다.

두 번째의 이유는 제곱값의 총합을 구체적으로 쓰면

$$\sum_{i=1}^{n} u^2_i = \sum_{i=1}^{n} (y_i - \alpha - \beta x_i)^2$$

처럼 추정대상이 되는 절편 α, 기울기 β의 이차 방정식이 되기 때문에 최소값을 달성하는 α와 β를 탐색하는 것이 쉬워지는 것을 들 수 있습니다.[5]

이렇게 제곱의 합을 기준으로 계수를 추정하는 방법을 최소제곱법(Ordinary Least Square : OLS)이라고 합니다.

그렇다면 제곱의 총합을 $J := \sum_{i=1}^{n} u^2_i$으로 두고 J를 최소화하는 α와 β를 구하는 방법을 확인해 보겠습니다.

복수의 변수가 존재하는 최소값의 문제를 풀기 위해서는 각각의 변수에 편미분을 할 필요가 있습니다. 여기서 '편미분한다'란 다변수 함수의 여러 변수 중 하나의 변수에 주목해서 그 이외의 변수를 상수로 생각하고 일변수 함수처럼 미분하는 것을 가리킵니다. 구체적으로는 α와 β를 각각

....

5 양수, 음수에 의한 상쇄 효과를 피하기 위한 방법 중 하나로 절대값을 이용하는 방법이 있습니다. 즉, $\sum_{i=1}^{n} |u_i| = \sum_{i=1}^{n} |y_i - \alpha - \beta x_i|$을 최소화하는 α와 β를 구하는 방법입니다. 이 경우 최소값을 달성하는 α와 β의 탐색은 이차방정식일 때 보다 어려워집니다.

1회 편미분한 값이 0이 되는 α와 β를 구하면 그것이 J의 최소값을 달성하는 α와 β가 됩니다.[6]

$$\frac{\partial J}{\partial \alpha} = \sum_{i=1}^{n} \{ -2(y_i - \alpha - \beta x_i) \} = 0 \tag{2.2}$$

$$\frac{\partial J}{\partial \beta} = \sum_{i=1}^{n} \{ -2x_i(y_i - \alpha - \beta x_i) \} = 0 \tag{2.3}$$

식 (2.2)는 다음과 같이 변형시켜 보겠습니다.

$$(2.2) \Leftrightarrow -2\sum_{i=1}^{n}(y_i - \alpha - \beta x_i) = 0 \Leftrightarrow \sum_{i=1}^{n} y_i = \sum_{i=1}^{n} \alpha + \sum_{i=1}^{n} \beta x_i \tag{2.4}$$
$$\Leftrightarrow n\bar{y} = n\alpha + n\beta\bar{x} \Leftrightarrow \bar{y} = \alpha + \beta\bar{x}$$

여기서 $\bar{x}$와 $\bar{y}$는 x와 y의 표본 평균을 가리키고 있어서, 각각 $\bar{x} = \frac{1}{n}\sum_{i=1}^{n} x_i$ 와 $\bar{y} = \frac{1}{n}\sum_{i=1}^{n} y_i$ 가 됩니다. (2.3)에 대해서도 계산을 진행해 봅니다.

$$(2.3) \Leftrightarrow -2\sum_{i=1}^{n}\{x_i(y_i - \alpha - \beta x_i)\} = 0 \Leftrightarrow \sum_{i=1}^{n} y_i x_i = \sum_{i=1}^{n} \alpha x_i + \sum_{i=1}^{n} \beta x_i^2 \tag{2.5}$$
$$\Leftrightarrow \sum_{i=1}^{n} y_i x_i = n\alpha\bar{x} + \beta\sum_{i=1}^{n} x_i^2$$

를 얻을 수 있습니다. 여기서 (2.4)와 (2.5) 2가지 식에서 각각 데이터를 실제로 대입해보면 연립방정식에서 α와 β를 구할 수 있습니다.

그 해인 α와 β는 최소제곱 추정량이라고 합니다. 앞으로는 이 2가지 최소제곱 추정량을 $\hat{\alpha}$, $\hat{\beta}$로 표기하겠습니다.

실제로 데이터를 얻을 수 있으면, 계수가 수치로 정해지고 연립방정식을 풀 수 있게 되지만, 여기에서는 좀 더 계산을 진행시켜서 최소제곱 추정량의 일반적인 형태를 확인해 봅니다.

....

6 정확하게는 함수에서 J의 극값을 구하는 계산이지만, 선형 회귀 모델의 OLS에서는 극값이 최소값이라는 것을 알고 있습니다.

다시 (2.4)와 (2.5)를 나열해 보겠습니다.

$$(2.4) \Leftrightarrow \sum_{i=1}^{n} y_i = n\alpha + \beta \sum_{i=1}^{n} x_i$$

$$(2.5) \Leftrightarrow \sum_{i=1}^{n} y_i x_i = \alpha \sum_{i=1}^{n} x_i + \beta \sum_{i=1}^{n} x_i^2$$

여기에서는 계산을 보기 쉽도록 하기 위해서 $\bar{x}$와 $\bar{y}$를 총합의 형태로 다시 바꾸고 있습니다. 이 연립방정식을 정규방정식이라고 부르기도 합니다.

여기서 (2.4)의 양변에 $\sum_{i=1}^{n} x_i$를 곱하고 (2.5)의 양변에는 n을 곱하고 α와 β를 $\hat{\alpha}$, $\hat{\beta}$로 바꾸어쓰면

$$\sum_{i=1}^{n} x_i \sum_{i=1}^{n} y_i = n\hat{\alpha} \sum_{i=1}^{n} x_i + \hat{\beta} \left(\sum_{i=1}^{n} x_i \right)^2 \tag{2.6}$$

$$n\sum_{i=1}^{n} x_i y_i = n\hat{\alpha} \sum_{i=1}^{n} x_i + n\hat{\beta} \sum_{i=1}^{n} x_i^2 \tag{2.7}$$

를 얻을 수 있습니다. (2.7)에서 (2.6)을 빼면 즉, (2.7)-(2.6)을 계산하면 $\hat{\alpha}$의 항을 소거할 수 있습니다. 구체적으로는

$$n\sum_{i=1}^{n} x_i y_i - \sum_{i=1}^{n} x_i \sum_{i=1}^{n} y_i = \hat{\beta} \left\{ n\sum_{i=1}^{n} x_i^2 - \left(\sum_{i=1}^{n} x_i \right)^2 \right\}$$

$$\Leftrightarrow n\sum_{i=1}^{n} x_i y_i - (n\bar{x})(n\bar{y}) = \hat{\beta} \left\{ n\sum_{i=1}^{n} x_i^2 - (n\bar{x})^2 \right\}$$

$$\Leftrightarrow \sum_{i=1}^{n} x_i y_i - n\bar{x}\,\bar{y} = \hat{\beta} \left\{ \sum_{i=1}^{n} x_i^2 - n\bar{x}^2 \right\}$$

라고 계산할 수 있기 때문에 $\hat{\beta}$는

$$\hat{\beta} = \frac{\sum_{i=1}^{n} x_i y_i - n\bar{x}\,\bar{y}}{\sum_{i=1}^{n} x_i^2 - n\bar{x}^2} = \frac{\frac{1}{n}\sum_{i=1}^{n}(x_i - \bar{x})(y_i - \bar{y})}{\frac{1}{n}\sum_{i=1}^{n}(x_i - \bar{x})^2} \tag{2.8}$$

라고 구할 수 있습니다. 또 분자 $\dfrac{1}{n}\displaystyle\sum_{i=1}^{n}(x_i - \bar{x})(y_i - \bar{y})$는 데이터 x_i와 y_i의 표본 공분산, $\dfrac{1}{n}\displaystyle\sum_{i=1}^{n}(x_i - \bar{x})^2$은 x_i의 표본분산인 것에 주의해야 합니다. 즉, 회귀 직선의 기울기인 $\hat{\beta}$는 피설명변량 Y와 설명변량 X의 관계를 나타내는 2개의 변량의 공분산을 설명변량 X의 변동 크기를 가리키는 분산으로 나눈 값입니다.

다음으로 절편의 최소제곱 추정량 $\hat{\alpha}$를 구해볼까요? (2.4)의 α와 β를 $\hat{\alpha}$, $\hat{\beta}$로 바꾸어 넣겠습니다.

$$\sum_{i=1}^{n} y_i = n\hat{\alpha} + \hat{\beta}\sum_{i=1}^{n} x_i \Leftrightarrow n\bar{y} = n\hat{\alpha} + \hat{\beta}n\bar{x}$$

여기서 양변을 n으로 나누면

$$\bar{y} = \hat{\alpha} + \hat{\beta}\bar{x}$$

이기 때문에 (2.8)을 이용하면

$$\hat{\alpha} = \bar{y} - \bar{x}\frac{\dfrac{1}{n}\displaystyle\sum_{i=1}^{n}(x_i - \bar{x})(y_i - \bar{y})}{\dfrac{1}{n}\displaystyle\sum_{i=1}^{n}(x_i - \bar{x})^2}$$

을 계산하면 $\hat{\alpha}$를 구할 수 있습니다. 이렇게 최소제곱 추정량을 사용해서 만든 아래의 식을

$$y = \hat{\alpha} + \hat{\beta}x \tag{2.9}$$

회귀 모델 또는 회귀 직선이라고 부릅니다.

이어 회귀 모델을 이용해서 예측값(이론값)을 구하는 방법을 설명하겠습니다. (2.9)과 같이 표현된 회귀 모델에서 절편 $\hat{\alpha}$와 기울기 $\hat{\beta}$를 구한 다음 우변 x에 x_i을 대입하여 y의 예측치(이론값)를 구할 수 있습니다. 이 예측치를 $\hat{y}_i$라고 기록해 봅니다.

$$\hat{y}_i = \hat{\alpha} + \hat{\beta}x_i$$

여기에서 $\hat{y}_i$는 데이터 y_i와 다른 값인 것에 주의하시기 바랍니다. 즉, 예측값 $\hat{y}_i$와 데이터 y_i의 사이에는 잔차(관측 오차)가 발생합니다. 이 잔차의 추정치를 $\hat{u}_i$라고 두면

$$\hat{u}_i = y_i - \hat{y}_i \tag{2.10}$$

라고 계산할 수 있습니다. 즉, 설명변량과 피설명변량의 사이에 회귀 모델로 표현했던 것 같은 관계가 있다고 하면 데이터로서 관측된 y_i는 그 관측마다 관측 오차 $\hat{u}_i$가 내포되어있다고 생각할 수 있습니다. 식으로 표현하면

$$y_i = \hat{y}_i + \hat{u}_i = \hat{\alpha} + \hat{\beta}x_i + \hat{u}_i \tag{2.11}$$

가 됩니다.

이 잔차의 추정값 $\hat{u}_i$는 다음과 같은 성질을 가지고 있습니다.

잔차의 성질

• 성질 1 $\displaystyle\sum_{i=1}^{n} \hat{u}_i = 0$

• 성질 2 $\displaystyle\sum_{i=1}^{n} x_i \hat{u}_i = 0$

• 성질 3 $\displaystyle\sum_{i=1}^{n} \hat{y}_i \hat{u}_i = 0$

성질 1은 잔차의 총합이 0이 되는 것을 가리키고 있지만, 동시에 잔차의 평균이 0이 된다는 것도 의미합니다. 잔차의 평균이 0이라는 것은 회귀 직선이 흩어져있는 데이터의 중심을 통과하고 있다는 것을 의미하고 잔차 $\hat{u}_i$에 편향이 없다는 것을 의미합니다.

성질 2는 설명변량과 잔차에 관련성이 없다는 것을 나타내고 있습니다. 공분산이 0이라는 식을 간략화했다고 할 수 있습니다. 구체적으로는 성질 1의 $\hat{u}_i$의 평균이 0인 것을 생각해보면 x_i와 $\hat{u}_i$의 공분산이 0이라는 식과 성질 2가 같다는 것을 알 수 있습니다.

$$\frac{1}{n}\sum_{i=1}^{n}\left\{(x_i - \bar{x})\hat{u}_i\right\} = 0 \Leftrightarrow \sum_{i=1}^{n}x_i\hat{u}_i - \bar{x}\sum_{i=1}^{n}\hat{u}_i = 0 \Leftrightarrow \sum_{i=1}^{n}x_i\hat{u}_i = \bar{x}\sum_{i=1}^{n}\hat{u}_i$$
$$\Leftrightarrow \sum_{i=1}^{n}x_i\hat{u}_i = 0$$

또 공분산이 0이라는 것을 미리 가정하는 것이 아니라 최소제곱 추정량의 성질을 이용해서 유도할 수 있습니다.

성질 2의 식의 좌변이 $\hat{u}_i = y_i - \hat{\alpha} - \hat{\beta}x_i$인 것을 의식하면

$$\sum_{i=1}^{n}x_i\hat{u}_i = \sum_{i=1}^{n}x_i\left(y_i - \hat{\alpha} - \hat{\beta}x_i\right) = \sum_{i=1}^{n}\left\{y_ix_i - \hat{\alpha}x_i - \hat{\beta}x_i^2\right\}$$
$$= \sum_{i=1}^{n}y_ix_i - \hat{\alpha}\sum_{i=1}^{n}x_i - \hat{\beta}\sum_{i=1}^{n}x_i^2 \tag{2.12}$$

로 바꾸어 쓸 수 있습니다. 여기서 정규방정식(2.5)

$$(2.5) \Leftrightarrow \sum_{i=1}^{n}y_ix_i = \alpha\sum_{i=1}^{n}x_i + \beta\sum_{i=1}^{n}x_i^2$$

를 다시 떠올려봅니다. $\hat{\alpha}$와 $\hat{\beta}$는 (2.5)를 만족하도록 구해졌습니다. 따라서

$$\sum_{i=1}^{n}y_ix_i = \hat{\alpha}\sum_{i=1}^{n}x_i + \hat{\beta}\sum_{i=1}^{n}x_i^2$$

을 만족하기 때문에 (2.12)의 값이 0인 것을 알 수 있습니다.

성질 3은 예측값 $\hat{y}_i$와 잔차의 추정값 $\hat{u}_i$와의 사이에 함수가 없다는 것을 나타내고 있습니다. 성질 3의 식에 $\hat{y}_i = \hat{\alpha} + \hat{\beta}x_i$를 대입하면

$$\sum_{i=1}^{n} \hat{y}_i \hat{u}_i = \sum_{i=1}^{n} \left(\hat{\alpha} + \hat{\beta}x_i \right) \hat{u}_i$$

라고 변형할 수 있습니다. 여기서 $\hat{\alpha} = \bar{y} - \hat{\beta}\bar{x}$인 것을 떠올리면

$$\sum_{i=1}^{n} \left(\hat{\alpha} + \hat{\beta}x_i \right) \hat{u}_i = \sum_{i=1}^{n} \left\{ \left(\bar{y} - \hat{\beta}\bar{x} \right) + \beta x_i \right\} \hat{u}_i$$

$$= \sum_{i=1}^{n} \left(\bar{y}\hat{u}_i - \hat{\beta}\bar{x}\hat{u}_i + \beta x_i \hat{u}_i \right)$$

$$= \bar{y}\sum_{i=1}^{n} \hat{u}_i - \hat{\beta}\bar{x}\sum_{i=1}^{n} \hat{u}_i + \beta \sum_{i=1}^{n} x_i \hat{u}_i = 0$$

라고 계산할 수 있습니다. 여기서 제 1 항목과 제 2 항목은 성질 1에 의해 0이 되고, 제 3 항목은 성질 2에 의해서 0이 되는 것을 이용했습니다.

지금까지 잔차에 관한 3개의 성질을 확인했습니다. (2.11)을 다시 확인하면 다른 관점을 가질 수 있습니다. 우선

$$y_i = \hat{y}_i + \hat{u}_i$$

에 대해서입니다. 앞에서는 데이터 y_i에는 이론값인 $\hat{y}_i$에 추가로 관측 오차 $\hat{u}_i$가 내포되어있다고 해석했습니다. 여기서 성질 3을 이용하면 $\hat{y}_i$와 $\hat{u}_i$는 서로 관련성이 없다는 것을 알 수 있습니다. 즉, 이 식은 관측값인 y_i를 서로 무관한 이론값 $\hat{y}_i$와 관측 오차 $\hat{u}_i$로 분해했다고 생각할 수 있습니다.

다음으로

$$y_i = \hat{\alpha} + \hat{\beta}x_i + \hat{u}_i$$

는 성질 1과 성질 2를 이용하면 편향이 없는 관측 오차 $\hat{u}_i$와 설명변량과

관측값의 관계를 나타내는 $\hat{\beta}x_i$와 모든 관측값에 공통된 편향 $\hat{\alpha}$ 이렇게 3가지 종류의 성분으로 분해되었다고 할 수 있습니다.

마지막으로 정리를 위해서 잔차의 성질을 **R**을 통해서 확인해 봅니다.

우선 잔차의 계열을 꺼내겠습니다. Yt를 Xt로 설명하는 단순 선형 회귀 모델의 피팅 결과는 객체 result에 저장되었습니다. 그 잔차를 꺼내려면 resid 함수를 사용합니다. 이용 방법은

```
resid(모델을 피팅한 결과의 객체명)
```

입니다. 여기서는 단순 선형 회귀 모델의 피팅 결과에서 얻어진 잔차 계열을 Ut에 할당합니다.

```
> Ut=resid(result)
```

이 잔차 계열 Ut에 대해서 잔차의 성질 1과 성질 2가 성립하는지 또는 성립하지 않는지 확인해 봅니다. 여기서 성질 1에서는 잔차 계열의 총합, 성질 2에서는 잔차 계열과 설명변량 데이터의 곱의 총합에 대한 계산에 대해서 나타내고 있습니다. **R**에서 총합을 계산하는 경우 sum 함수를 이용합니다.

```
sum(계산 대상의 객체명)
```

성질 1에 대해서는 다음과 같이 입력합니다.

```
> sum(Ut)
[1] -4.033232e-17
```

출력결과는 −4.033232e−17이 되었습니다. 여기서 **R**에서 출력 e−17이란 10^{-17}을 의미합니다. 즉 여기서 출력결과는 $-4.033232 \times 10^{-17}$으로 매우 작고 거의 0이라고 볼 수 있기 때문에 성질 1의 '잔차 계열의 총합은 0'이 충족되었다고 판단할 수 있습니다.

이어서 성질 2에 대해서 확인해 봅니다. 설명변량의 데이터 x_i와 잔차 계열 $\hat{u}_i$의 곱 총합을 구하는 것이 목적입니다. **R**에서는 단순하게 각각 데이터 벡터 Xt와 Ut를 곱의 기호 *로 이어서 데이터 벡터의 요소 간의 곱을 가지는 데이터 벡터를 얻을 수 있습니다.

따라서 양자의 곱 총합을 얻기 위해서는 다음과 같이 입력합니다.

```
> sum(Ut * Xt)
 [1]  -1.418145e-18
```

여기에서 출력 결과는 −1.418145e−18이 되어있어 바꿔서 읽으면 $-1.418145 \times 10^{-18}$이고 상당히 작아서 0이라고 볼 수 있기 때문에 성질 2가 성립하고 있다고 판단할 수 있습니다.

이렇게 **R**을 이용해서 성질 1과 성질 2가 성립하고 있는 것을 확인할 수 있었습니다.

이어서 성질 3을 확인해 봅니다. 절편 $\hat{\alpha}$와 기울기 $\hat{\beta}$를 꺼내려면 단순 선형 회귀 모델을 피팅한 결과를 보관한 객체에 coef 함수를 적용합니다.

```
coef(모델을 피팅한 결과의 객체 이름)
```

이렇게 입력하면 절편의 추정값 $\hat{\alpha}$를 제 1 요소, 기울기의 추정값 $\hat{\beta}$를 제 2 요소로 하는 데이터베이스가 출력됩니다.

```
> coef(result)[1]
(Intercept)
0.005502206
> coef(result)[2]
      Xt
0.9778993
> coef(result)
(Intercept)            Xt
0.005502206 0.977899328
```

특별히 요소를 지정하지 않은 경우에는 마지막에 입출력처럼 절편의 추정
값 $\hat{a}$는 (Intercept)에 $\hat{\beta}$는 Xt에 각각 출력됩니다.

성질 3을 조사하기 위해서 설명변량의 데이터 Xt와 잔차 계열 Ut를 이용
해서 $(\hat{a} + \hat{\beta} x_i) \hat{u}_i$의 총합을 계산해 봅니다.

```
> sum((coef(result)[1]+coef(result)[2] * Xt) * Ut)
[1] -9.944167e-19
```

그 값은 $-9.944167 \times 10^{-19}$라 매우 작아서 성질 3처럼 0이 되었다고 할
수 있습니다.

또 R에서는 예측값 $\hat{y}_i = \hat{a} + \hat{\beta} x_i$의 정의대로 선형 회귀 모델의 피팅 결과
에서 예측값을 얻기 위한 predict 함수가 준비되어 있습니다.

predict(모델을 피팅한 결과의 객체 이름)

이 예측값을 구하는 predict 함수는 선형 회귀 모델뿐 아니라 그 외의 다
양한 모델에도 적용할 수 있기 때문에 이 이후에 설명하는 다양한 분석
방법에도 이용하게 됩니다.

그렇다면 predict 함수를 이용해서 다시 성질 3을 확인해 봅니다.

```
> sum(predict(result) * Ut)
[1] -9.944167e-19
```

얻은 수치는 아까와 같은 $-9.944167 \times 10^{-19}$이고 거의 0이라는 것을 확인할 수 있습니다.

여기까지 선형 회귀 모델을 고려한 경우의 절편과 기울기를 구하는 방법과 잔차의 성질에 대해서 설명했습니다. 절편과 기울기를 구하는 방법인 최소제곱법은 관측 데이터인 y_i와 모델을 이용해서 얻을 수 있는 예측값 $\hat{y}_i$의 차이의 제곱이 가장 작아지는 값을 추정하는 방법입니다.

즉, 미리 얻은 관측 데이터에 대해서 모델을 이용한 예측값을 어느 정도 근접시킬 수 있는지 데이터와 예측값의 차이를 최소화한다는 것을 목표로 파라미터를 추정하고 있습니다. 이것은 앞으로 설명할 머신러닝의 학습 목표 설정과 이어져 있습니다. 즉, 목표하는 값과의 차이를 작게 만드는 방식의 학습 방법이라고 할 수 있습니다.

또한 최소제곱법의 논의에서는 확률적 사고방식이 활용되고 있지 않다는 점에도 주의해야 합니다. 선형 회귀 모델은 잔차가 어떤 확률 분포(대부분의 경우 정규 분포)를 가지고 있다고 가정합니다. 잔차가 정규 분포인 것을 이용해서 다양한 분석 방법이 개발되었기 때문에 미리 정규분포라고 가정하고 논의를 진행하는 책도 많이 있습니다. 하지만 절편과 기울기를 최소제곱법으로 구하는 것뿐이라면 잔차의 평균이 0이라는 것 이외에 특정 확률 분포를 가정할 필요는 없다는 점을 기억해야 합니다.

2.2.2 최대우도법

선형 회귀 모델 등의 계수를 추정하는 방법 중 이미 설명한 최소제곱법에서는 잔차에 확률분포를 가정할 필요는 없고 단순히 데이터의 값 y_i와 선형 회귀 모델에 의한 예측값 $\hat{y}_i$의 차이의 제곱이 가장 작아지는 절편과 기울기를 추정했습니다.

여기서는 다른 추정법인 최대우도법에 대해서 설명하겠습니다.

최소제곱법이 데이터와 예측값의 차이를 최소화한다는 관점에서의 계수 값 추정법이지만, 최대우도법은 얻은 데이터를 기반으로 가장 발생할 것 같은 계수의 값을 추정하는 방법이라고 할 수 있습니다. 여기서 '가장 발생할 것 같다'라는 말을 수치로 표현하기 위한 전제가 확률분포의 가정이 됩니다. 그렇게 하는 것으로 '어떤 상태가 발생할 것 같다'라는 말은 '어떤 상태가 되는 확률이 높다'라고 바꿀 수 있기 때문에, 확률을 이용한 최적화 함수를 정의할 수 있어 그 결과 함수를 최대화하는 것으로 계수를 추정할 수 있습니다.

여기서는 최대우도법을 구체적으로 설명해 보겠습니다. 우선, 관측되는 데이터를 (x_1, y_1), (x_2, y_2), $\cdots$, (x_n, y_n)으로 합니다. 그리고 확률분포를 도입하는데, 여기서는 선형 회귀 모델의 잔차에 확률분포를 가정합니다. 최소제곱법을 설명할 때에도 확인했듯이 선형 회귀 모델에서는 잔차의 평균은 0이고 직선의 주변에 무작위로 흩어져있는 것이 바람직하므로 여기서는 잔차의 평균이 0인 정규분포를 가정합니다. 표본의 흩어진 정도를 나타내는 분산은 사전에 설정할 수 없기 때문에 여기서는 미지의 파라미터 σ^2로 두겠습니다. 또 잔차의 성질이 데이터의 순서 등에 좌우되지 않는 것이 바람직하기 때문에 각 잔차의 관계는 독립적이라고 가정하겠습니다. 이상을 정리하면 u_i는 서로 독립적이고 평균은 0, 분산은 σ^2인 정규분포를 따르고 있다고 가정하는 것이 됩니다.

이 가정의 기반은 어떤 잔차 u_i의 확률 밀도 함수 $f\left(u_i \mid \sigma^2, \alpha, \beta\right)$는[7]

$$
\begin{aligned}
f\left(u_i \mid \sigma^2, \alpha, \beta\right) &= \frac{1}{\sqrt{2\pi\sigma^2}} \exp\left(-\frac{1}{2\sigma^2} u_i^{\,2}\right) \\
&= \frac{1}{\sqrt{2\pi\sigma^2}} \exp\left\{-\frac{1}{2\sigma^2}\left(y_i - \alpha - \beta x_i\right)^2\right\}
\end{aligned}
$$

이라고 나타낼 수 있습니다.

여기서 독립적인 현상의 동시확률은 각각의 확률의 곱으로 나타낼 수 있습니다. 예를 들면, 주사위를 2번 던져서 2번 모두 1이 나올 확률은 $\frac{1}{6} \times \frac{1}{6} = \frac{1}{36}$ 입니다. 잔차는 n개가 있기 때문에 모든 잔차의 동시확률은

$$
\begin{aligned}
&\prod_{i=1}^{n} f\left(u_i \mid \sigma^2, \alpha, \beta\right) \\
&= f\left(u_1 \mid \sigma^2, \alpha, \beta\right) \times f\left(u_2 \mid \sigma^2, \alpha, \beta\right) \times \cdots \times f\left(u_n \mid \sigma^2, \alpha, \beta\right) \\
&= \prod_{i=1}^{n} \frac{1}{\sqrt{2\pi\sigma^2}} \exp\left\{-\frac{1}{2\sigma^2}\left(y_i - \alpha - \beta x_i\right)^2\right\} \\
&= \left(\frac{1}{\sqrt{2\pi\sigma^2}}\right)^n \exp\left\{-\frac{1}{2\sigma^2}\sum_{i=1}^{n}\left(y_i - \alpha - \beta x_i\right)^2\right\}
\end{aligned}
$$

라고 계산할 수 있습니다. 이 동시확률을 표본우도함수 또는 우도함수라고 부릅니다. 우도함수는 동시확률을 나타내고 있기 때문에 '가장 발생할 가능성이 높은 상태'를 찾기 위한 최적화 함수이고 이것을 최대화하는 것으로 파라미터의 추정이 가능해집니다. 데이터는 이미 관찰된 값이고 조작할 수 없기 때문에 우도함수를 최대화할 때에 조절가능한 변수는 파라미터 3개뿐입니다.

....

[7] 확률 밀도 함수는 f(확률변수 | 미지의 파라미터)라고 표기합니다. 이번은 선형 회귀 모델의 절편 α와 기울기 β에 더해 정규분포의 분산 σ^2도 미지의 값이기 때문에 2개의 계수와 1개의 분산을 합쳐서 3개의 파라미터를 기재하고 있습니다.

따라서 우도함수는 우도(Likelihood)의 이니셜을 따서 $L(\alpha, \beta, \sigma^2)$ 또는 파라미터를 정리해서 θ로 표현한 $L(\theta)$로 표현되는 경우가 많습니다. 그렇다면 어떻게 우도함수를 최대화할까요? 우도함수는 동시확률이기 때문에 양의 값을 가지고 상한값은 높아도 1이 됩니다.[8]

여기서 우도함수 $L(\theta)$을 최대화하는 것이 아니라 우도함수의 로그 log $L(\theta)$의 최대값을 생각해 보기로 하겠습니다. 우도함수는 동시확률이기 때문에 곱의 형태로 되어 있어서 로그를 취하는 합의 형태로 수정하는 편이 계산하기 쉽습니다. 또 도입한 확률분포의 밀도함수가 지수함수의 형태로 되어있는 경우가 많기 때문에 계산상의 이점도 있습니다.

우도함수의 로그를 소문자의 $l(\theta)$로 표기해서 로그 우도함수라고 부릅니다. 그럼 로그 우도함수 $l(\theta)$를 확인해 봅니다.

$$
\begin{aligned}
l(\theta) &= \log L(\theta) \\
&= \log\left[\left(\frac{1}{\sqrt{2\pi\sigma^2}}\right)^n \exp\left\{-\frac{1}{2\sigma^2}\sum_{i=1}^{n}(y_i - \alpha - \beta x_i)^2\right\}\right] \\
&= -\frac{n}{2}\log(2\pi) - \frac{n}{2}\log\sigma^2 - \frac{1}{2\sigma^2}\sum_{i=1}^{n}(y_i - \alpha - \beta x_i)^2
\end{aligned}
$$

다음으로 로그 우도함수 $l(\theta)$를 최대화하는 파라미터의 값을 구해봅니다. 파라미터 α, β에서 각각 편미분한 값이 0이 되는 α, β가 최대값을 취하는 후보가 됩니다. 처음에 α로 편미분 해 봅니다.

....

8 확률이기 때문에 최소값이 0이라고도 생각할 수 있습니다. 하지만 우도함수를 사용한 논의의 경우 처음부터 확률구조를 도입해서 논의를 시작하고 있기 때문에 확률이 0을 취하는 것 같은 절대로 일어날 수 없는 상황의 전제는 배제하고 있다고 생각하겠습니다.

$$\frac{\partial l(\theta)}{\partial \alpha} = -\frac{1}{2\sigma^2}\sum_{i=1}^{n}\left\{-2(y_i - \alpha - \beta x_i)\right\} = \frac{1}{\sigma^2}\sum_{i=1}^{n}(y_i - \alpha - \beta x_i) = 0$$

$$\Leftrightarrow \sum_{i=1}^{n}(y_i - \alpha - \beta x_i) = 0 \Leftrightarrow n\bar{y} - n\alpha - n\beta\bar{x} = 0$$
$$\Leftrightarrow \bar{y} = \alpha + \beta\bar{x} \tag{2.13}$$

이어서 β로 편미분 해 봅니다.

$$\frac{\partial l(\theta)}{\partial \beta} = -\frac{1}{2\sigma^2}\sum_{i=1}^{n}\left\{-2x_i(y_i - \alpha - \beta x_i)\right\} = \frac{1}{\sigma^2}\sum_{i=1}^{n}x_i(y_i - \alpha - \beta x_i) = 0$$

$$\Leftrightarrow \sum_{i=1}^{n}x_i(y_i - \alpha - \beta x_i) = 0$$
$$\Leftrightarrow \sum_{i=1}^{n}x_i y_i - n\alpha\bar{x} - \beta\sum_{i=1}^{n}x_i^2 = 0 \tag{2.14}$$

지금 우도함수를 최대화하는 α와 β는 (2.13)과 (2.14)를 만족합니다.

즉, 연립방정식

$$(2.13) \Leftrightarrow \sum_{i=1}^{n}y_i = n\hat{\alpha} + \hat{\beta}\sum_{i=1}^{n}x_i$$

$$(2.14) \Leftrightarrow \sum_{i=1}^{n}x_i y_i = n\hat{\alpha}\bar{x} + \hat{\beta}\sum_{i=1}^{n}x_i^2$$

의 해인 $\hat{\alpha}, \hat{\beta}$가 우도함수를 최대화합니다. 이 $\hat{\alpha}$와 $\hat{\beta}$를 최대우도 추정량이라고 부릅니다.

그런데 이 연립방정식의 형태는 본 기억이 있을 것입니다. 최소제곱법의 절편 α와 기울기 β를 추정할 때에 이끌어냈던 정규방정식과 완전 같은 형태가 되었습니다. 즉, 단순 선형 회귀 모델을 고려한 경우는 최소제곱 추정량과 최대우도 추정량은 일치합니다.

단순 선형 회귀 모델에서는 절편과 기울기의 추정치 $\hat{\alpha}$와 $\hat{\beta}$가 최소제곱법을 이용한 경우와 최대우도 추정법을 이용한 경우가 같은 값이 됩니다. 그 때문에 일반적으로는 각각의 추정 방법의 차이에 대해서는 논의하지 않고, 그 결과로서 얻어진 계산 방법만 주목 받고 있습니다. 하지만 최소제곱법은 확률구조를 생각하지 않고도 논의할 수 있고, 기하적인 성질만으로 추정값을 도출할 수 있었습니다. 한편 최대우도 추정법에서는 미리 확률구조를 도입한 다음 가장 있을 만한 상황을 만드는 파라미터를 최대우도 추정값으로서 도출합니다. 이 사고방식의 차이는 이 책에서 다루는 머신러닝의 차이와 이어져 있습니다. 전자는 3장에서 다루는 선형 판별 분석, 서포트 벡터 머신과 같은 기하적인 분류를 하는 방법과 연관되어 있고 후자는 4장에서 다루는 로지스틱 회귀 모델에 의한 확률 구조를 도입한 분류 방법과 연관되어 있습니다.

그런데 이번 최대우도 추정법의 틀에서는 잔차의 평균 파라미터 0, 분산 파라미터 σ^2의 정규분포를 가정했습니다. 따라서 잔차의 분산 σ^2도 미지의 파라미터로서 설정하고 있기 때문에 그 최대우도 추정량을 구해 봅니다. 우선은 로그 우도함수 $l(\theta)$를 σ^2로 편미분 하겠습니다.

$$\frac{\partial l(\theta)}{\partial \sigma^2} = -\frac{n}{2}\frac{1}{\sigma^2} + \frac{1}{2}\left(\sigma^2\right)^{-2}\sum_{i=1}^{n}\left(y_i - \alpha - \beta x_i\right)^2 = 0$$

$$\Leftrightarrow \frac{n}{2}\frac{1}{\sigma^2} = \frac{1}{2}\left(\sigma^2\right)^{-2}\sum_{i=1}^{n}\left(y_i - \alpha - \beta x_i\right)^2 \qquad (2.15)$$

$$\Leftrightarrow n\sigma^2 = \sum_{i=1}^{n}\left(y_i - \alpha - \beta x_i\right)^2$$

잔차의 분산 파라미터의 최대우도 추정량 $\hat{\sigma}^2$은 (2.15)뿐만 아니라 (2.13)과 (2.14)도 만족하기 때문에 $\hat{\alpha}$와 $\hat{\beta}$를 이용해서 다음과 같이 계산할 수 있습니다.

$$\hat{\sigma}^2 = \frac{1}{n}\sum_{i=1}^{n}\left(y_i - \hat{\alpha} - \hat{\beta}x_i\right)^2$$

또 잔차의 예측값 $\hat{u}_i = y_i - \hat{a} - \hat{\beta}x_i$이기 때문에 잔차의 분산의 최대우도 추정량은

$$\hat{\sigma}^2 = \frac{1}{n}\sum_{i=1}^{n}\hat{u}_i^2$$

이 되어 잔차 예측값의 평균이 0이 라는 사실을 통해서 잔차 예측값의 표본분산과 일치하고 있는 것을 알 수 있습니다.

CHAPTER 2.3
잔차에 의한 모델 검토

선형 회귀 모델에서는 보통 잔차가 서로 독립적이거나 동일 정규분포를 따른다고 가정하고 있습니다. 왜냐하면 만약 이 가정이 성립하지 않으면 2.1절에서 보았던 '계수의 유의성'에 관한 가설검정이 성립하지 않기 때문입니다. 가령 가설검정에서 계수가 유의하다고 판단되었다고 해도 잔차가 독립적이고 동일한 정규분포를 따르고 있지 않다면 그 판단은 가치가 없습니다. 그런 의미에서 모델의 피팅으로 얻은 잔차가 서로 독립되어 있는지 정규분포를 따르고 있는지를 체크하는 것은 선형 회귀 모델을 사용한 분석에 있어서 매우 중요한 작업이지만 많은 현장에서 이것이 간과되고 있습니다. 이번 절에서는 이렇게 잔차를 체크하는 것을 R과 실제 데이터를 사용해서 간단하게 설명하겠습니다.

우선 잔차가 서로 독립되어 있는지 그렇지 않은지에 대해 파악합니다. 서로 독립적인지 그렇지 않은지를 엄밀하게 체크하는 것은 매우 어려운 문제입니다. 이번 예에서 사용한 주가 수익률의 경우라면 시간 의존의 경

향이 있는지 없는지를 확인해야 합니다. 주식 데이터의 경우는 데이터를 나열하는 순서는 거래일에 해당하기 때문에 데이터의 나열 순서(여기서는 시간 경과순)로 시계열로서의 의미가 있다고 할 수 있습니다. 단순 선형 회귀 모델에서 설명변량이 시간 의존의 구조를 충분히 설명할 수 있으면 잔차에 시간 의존의 경향이 남지 않지만

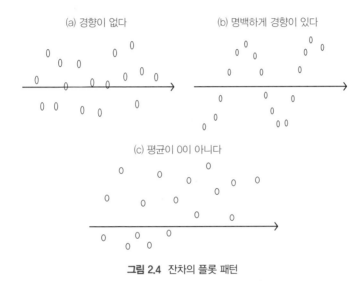

그림 2.4 잔차의 플롯 패턴

만약 시간 의존의 경향이 추정된 잔차에 나타나 있는 것이라면, 그것은 설명변량의 수가 부족한 것입니다. 여기에는 잔차의 플롯을 그려서 시각적으로 간단하게 확인할 수 있는 방법을 설명하겠습니다. 그림 2.4는 잔차의 플롯 패턴을 나타내고 있습니다.

만약 (a)에 표시되어 있는 것처럼 평균이 0이고 특별히 경향이 인정되지 않는 잔차의 플롯을 얻을 수 있다면 측정된 잔차에는 문제가 없다는 것을 알 수 있습니다. 반대로 (b)처럼 명백하게 시간적(순서적)인 경향이 남아있는 경우라면 설명변량의 수를 다시 살펴봐야 합니다.

또한, (c)처럼 (b)와 같이 명백한 경향이 없는 것처럼 보여도 평균이 0이

아니라 전체적으로 양수에 치우쳐 있거나 (c)와 반대로 음수에 치우쳐져 있는 경우를 포함해서 평균이 0이 아닌 양이나 음의 어느 쪽에 치우쳐 있는 상황이라면 절편을 확실하게 추정할 수 없을 가능성이 있어서 제대로 단순 선형 회귀 모델의 파라미터를 추정할 수 있을지 의문이 생기게 됩니다. 여기에서는 극단적인 예를 들었지만 데이터를 단순 선형 회귀 모델 등의 선형 회귀 모델에 피팅할 때는 반드시 잔차의 산포도를 확인해야 합니다.

그렇다면 **R**에서 잔차를 Ut의 산포도를 그려서 경향 확인을 해봅니다. 산포도를 그리기 위해서는 plot 함수를 이용하지만 앞에서 언급한 사용 방법과는 조금 다른 입력을 합니다.

```
> plot(Ut)
> abline(h=0,lty=3)
> plot(Ut,type="h")
> abline(h=0)
```

plot 함수에 인수 x와 y를 따로 지정하지 않고 추정한 잔차인 Ut만을 전달한 경우에는 x축에는 데이터 순서가 할당되어 Ut의 값은 y축 방향으로 표시됩니다. 평균이 0인 것이 바람직하기 때문에 잔차의 플롯에 $y=0$인 기준선을 겹쳐 그렸습니다. 이 입력 결과는 그림 2.5의 상단에 표시되어 있습니다. 그림 2.5의 하단에는 $y=0$의 기준선에 수선을 그은 형식의 플롯을 그림으로 나타내고 있습니다. 이 형식의 그림은 다음 2가지 점을 주의하고 확인을 하기 위한 것입니다. 우선 평균이 0인 것을 확인하기 위해서 수선의 길이가 어느 한쪽으로 치우쳐져 있지 않은지 확인합니다. 다음으로 경향이 없는 것을 확인하기 위해서 $y=0$의 수준선의 주변에 무질서하게 위, 아래로 흩어져 있는지 그 양상을 확인합니다.

그림 2.5의 상, 하단의 어느 쪽을 확인해도 $y=0$의 기준의 위, 아래 어

느 쪽에는 점이 치우쳐 있는 모습은 보이지 않고 그림 2.4의 (b)에서 볼 수 있었던 것처럼 특별한 경향이 남아있는 모습도 보이지 않기 때문에 잔차 Ut는 특별한 경향이 없이 서로 독립적이라고 볼 수 있습니다.

다음으로 잔차 Ut가 따르는 확률분포에 대해서 조사해 봅니다. 데이터가 따르는 확률분포를 조사하는 방법으로는 히스토그램을 그려서 시각적으로 확인하는 방법이 있습니다.

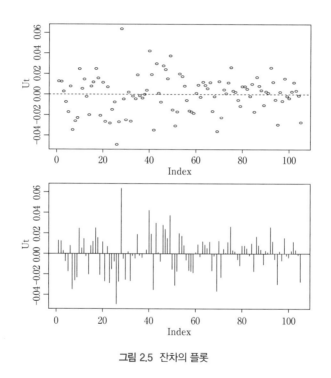

그림 2.5 잔차의 플롯

R에서 히스토그램을 그리려면 히스토그램을 그리고 싶은 객체에 hist 함수를 적용합니다.

hist(대상이 되는 객체 이름)

또한, 히스토그램의 막대 수는 **R**이 자동으로 설정합니다.

그럼 잔차 Ut의 히스토그램을 그려봅니다.

```
> hist(Ut)
```

라고 입력하면 그림 2.6의 왼쪽에 보이는 히스토그램이 표시됩니다.

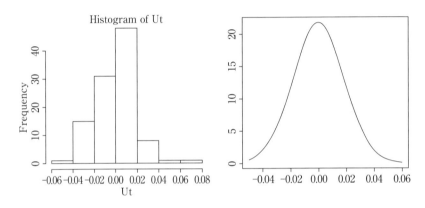

그림 2.6 잔차의 히스토그램

이 히스토그램의 형상이 정규분포의 밀도함수에 가까운지 그렇지 않는지에 따라서 잔차 Ut가 정규분포를 따르고 있는지 그렇지 않는지를 판단합니다.

판단을 돕기 위해서 정규분포의 밀도함수를 그림 2.6의 오른쪽에 그렸습니다. 잔차 Ut의 표본평균을 평균 파라미터로, 표본분산을 분산 파라미터로 가지는 정규분포의 밀도함수입니다. 히스토그램의 형태는 값이 0일 때 피크를 향하는 볼록한 모양을 하고 있고 대체로 정규분포의 밀도함수에 가깝기 때문에 잔차 Ut는 정규분포를 따르고 있다고 생각해도 좋습니다.

잔차 Ut가 정규분포에 따르고 있는지 그렇지 않은지를 시각적으로 확인하는 다른 방법으로는 QQ plot에 의한 확인 방법이 있습니다. Q는 Quantile(분위수)[9]의 이니셜을 딴 것입니다. 가로축은 이론적으로 구한 확률분포의 분위수를 취하고, 세로축에는 데이터에서 만든 경험 분포함수의 분위수를 플롯으로 표시하고 있습니다. 이번에는 정규분포를 따르고 있는지 그렇지 않은지를 확인하기 위해서 가로축에는 정규분포의 분위수를 취합니다. 이때 확인대상의 데이터가 정규분포를 따르고 있으면 QQ plot은 직선상에 늘어서게 됩니다.

R에서 어떤 객체가 정규분포를 따르고 있는지 여부를 QQ plot으로 확인하기 위해서는 이론분포를 정규분포로 지정한 QQ plot을 그리는 qqnorm 함수와 지정한 이론분포(여기서는 정규분포)에 따르고 있는지 그렇지 않은지를 확인하기 위한 직선을 QQ plot상에 그리기 위한 qqline 함수 2가지를 이용합니다. 2가지 함수 모두 다음과 같이 입력합니다.

```
qqnorm(확인하고 싶은 객체)
qqline(확인하고 싶은 객체)
```

이번은 잔차 Ut에 대해서 확인하기 위해서 다음과 같이 연속해서 입력합니다.

```
>qqnorm(Ut)
>qqline(Ut)
```

입력하면 그림 2.7이 표시됩니다.

원쪽 끝과 오른쪽 끝에 직선에서 벗어나 있는 점을 몇 개 관측할 수 있지만 대부분 직선 위에 있다고 생각해도 좋을 정도이기 때문에 잔차 Ut는

....

9 옮긴이 주_ 분위수(Quantile)는 자료의 크기 순서에 따른 위치값을 의미합니다.

정규분포를 따르고 있다고 판단해도 좋을 것 같습니다.

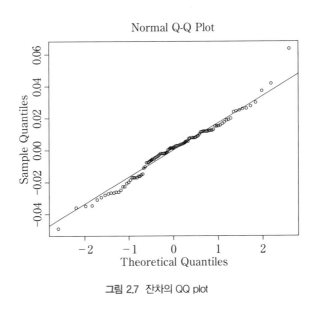

그림 2.7 잔차의 QQ plot

또 왼쪽 끝에서 직선보다 아래에, 오른쪽 끝에서 직선보다 위에 점이 그려진 경우는 정규분포보다도 평균값에서 더 떨어진 값이 나오고 있는 상황을 나타내고 있습니다. 평균값을 경계로 해서 정규분포를 가정한 것보다 더 작은 값이나 큰 값이 나오기 쉬운 것을 가리키고 꼬리가 무겁다, 꼬리가 두껍다 등으로 부르는 경우도 있습니다. 이것은 그림 2.6의 왼쪽 그림에서 나타내고 있는 것처럼 확률밀도함수가 평균을 경계로 좌우로 뻗어나감에 따라서 값이 작아져 가는 모습이 꼬리를 연상시키고 좀처럼 값이 작아지지 않는 모습을 묵직한 꼬리를 질질 끌고 있거나 꼬리가 두꺼워서 좀처럼 작아지지 않는 것 같은 상태를 가리킨 비유 표현입니다.

여기까지 분석대상인 잔차가 정규분포를 따르고 있는지 그렇지 않는지를 시각적으로 확인하는 방법을 설명했습니다. 시각적으로 확인하는 방법은 어떤 의미에서 개인의 주관이 개입되는 것을 피할 수 없습니다. 따라서 정규분포에 따르고 있는지 그렇지 않은지를 정량적으로 확인하는 방법으로서 가설검정을 이용한 확인 방법이 있습니다.

그렇다면 이번 절의 마지막으로 가설검정을 이용한 확인 방법을 설명하겠습니다. 어떤 데이터가 정규분포를 따르고 있는지 그렇지 않은지에 대한 가설검정을 정규성 검정이라고 부릅니다. 이번에는 정규성 검정 중에서 Sharpiro-Wilk의 검정을 소개하겠습니다. 이 검정의 귀무가설은 '대상 데이터가 정규분포를 따른다'입니다. 따라서 어떤 유의 수준을 설정하고 얻은 p값이 유의 수준 이하라면 귀무가설을 기각하고 '대상 데이터가 정규분포를 따르는 것이 아니다'는 것에서 대상 데이터가 정규분포를 따르지 않고 있다고 판단합니다. 반대로 p값이 유의 수준을 넘었다면 귀무가설을 수용하고 대상 데이터가 정규분포를 따르고 있다고 판단합니다.

여기서 **R**에서 Sharpiro-Wilk의 검정을 실행하려면 shapiro.test 함수를 이용합니다.

```
shapiro.test(객체 이름)
```

잔차를 보관하고 있는 객체 Ut에 shapiro.test 함수를 적용시켜 봅니다.

```
> shapiro.test(Ut)

        Shapiro-Wilk normality test

data: Ut
W = 0.98162, p-value = 0.1543
```

출력 결과 중 p-value=0.1543에 주목해 봅니다. p값은 15.43%이고 유의 수준을 10%라고 해도 귀무가설을 수용하기 때문에 잔차 Ut는 정규분포를 따르고 있다고 판단할 수 있습니다.

그렇다면 이 절에서는 단순 선형 회귀 모델을 피팅할 때 얻은 잔차가 서로 독립적으로 정규분포를 따르고 있는지 그렇지 않은지에 대해서는 잔차의 플롯을 그려서 시각적으로 확인하는 방법에 대해서 살펴보았습니다. 잔차에 경향이 남아 있는 경우에는 피팅한 모델이 적절한지 그렇지 않은지를 확인할 필요가 있습니다. 또 서로 독립적인 것이 확인된 후에는 정규분포를 따르고 있는지 그렇지 않은지를 확인합니다. 히스토그램 또는 QQ plot을 사용해서 시각적으로 확인하는 방법 외에 정규성의 검정에 의한 정량적인 판단 방법에 대해서도 언급했습니다. 이 조사들은 원래 단순 선형 회귀 모델의 파라미터 추정에 관한 가설검정 논의의 전제조건이고, 잔차가 서로 독립적으로 같은 정규분포를 따르고 있다는 조건이 성립하는지를 확인하고 있습니다. 이렇게 어떤 모델을 피팅한 후에 고찰이나 논의를 전개할 때에는 어떤 조건이 전제되어 있는 경우가 많습니다. 정당한 추론과 결과를 얻기 위해서는 항상 어떤 전제조건이 있고 그것들이 만족하고 있는지에 대해서 주의할 필요가 있다는 것을 기억하시기 바랍니다.

컬럼 : 극값과 편미분

앞서 최소제곱 추정량을 구할 때 잔차 제곱의 합을 최소로 하는 파라미터의 값을 발견하기 위해 각 파라미터를 편미분 했습니다. 또 최대우도 추정량을 구할 때는 최대우도 함수를 최대로 하는 파라미터의 값을 발견하기 위해서 각 파라미터를 편미분 했습니다. 한 쪽은 최소값을, 한 쪽은 최대값을 구하기 위해서 양쪽에 모두 편미분을 사용했습니다.

편미분은 최대값, 최소값의 후보가 되는 극대값, 극소값을 구하기 위해서 사용합니다. 그림 2.8에서 볼 수 있는 것처럼 함수의 값이 움푹 들어가 있는 곳(아래쪽으로 볼록한 곳)을 극소값, 솟아올라 있는 곳(위로 볼록한 곳)을 극대값이라고 부릅니다. 이 지점은 1번 미분하면 값이 0이 된다는 성질을 가지고 있습니다.

조금 더 자세히 설명하자면 극대값을 향해서 가는 경우는 산을 올라가는 형태가 되고 정상이 되는 극대값의 지점에서 평평한 평지를 거친 후에 산을 내려가는 것 같은 느낌입니다. 즉 1번 미분한 값이 양수 → 0 → 음수와 같이 변화해 가는 경우 극대값이 된 것이고 반대로 1번 미분한 값이 음수 → 0 → 양수와 같이 변해 갈 경우 극소값이 된 것입니다.

최소제곱법은 잔차의 제곱합을 최소로 하는 파라미터의 값을 구하는 방법이었습니다. 여기서 잔차의 제곱합은 추정 대상의 파라미터 α와 β 각각에 대한 이차방정식이 되었습니다.

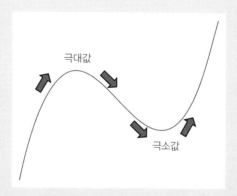

그림 2.8 극대값과 극소값의 이미지

정확하게는 절편 α와 기울기 β의 이변수 함수이기 때문에 면이 되었지만 편미분으로 고려할 때처럼 흥미가 있는 파라미터 이외에는 모두 고정한 경우 대상이 되는 파라미터만 변수가 되어 그림 2.9와 같은 형태가 되기 때문에 극소값이 최소값이 되는 이미지를 떠올릴 수 있습니다.

그럼 최대우도 추정량의 경우는 어떨까요? 여기서는 잔차가 따르고 있는 분포를 정규분포라고 가정했습니다. 그래서 우도함수는 정규 분포 밀도 함수의 곱이 되었습니다. 지금 정규분포의 밀도함수는 그림 2.10과 같은 형태가 되어서 평균값이 되는 지점이 극대값 또는 최대값과 되는 것을 알 수 있습니다. 추정 대상의 파라미터인 α와 β도 평균값과 관계되는 지점이기 때문에 1번 편미분한 값이 극대값을 취하는 지점에서 우도함수를 가장 크게 한다는 이미지를 떠올릴 수 있습니다.

그림 2.9 2차 함수의 이미지

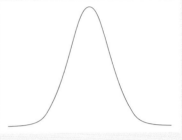
그림 2.10 정규분포의 밀도함수의 이미지

이미지를 떠올리기 어려운 경우에는 1번 편미분한 값이 0이 되는 주변의 부호를 확인하면 그 값이 최소값인지 최대값인지를 확인할 수 있습니다. 여기서는 절편 α에 대해서 확인해 봅니다.

최소제곱법의 경우에는

$$\frac{\partial J}{\partial \alpha} = \sum_{i=1}^{n}\big\{ -2(y_i - \alpha - \beta x_i)\big\} = 0$$
$$\Leftrightarrow -(\bar{y} - \alpha - \beta\bar{x}) = 0 \Leftrightarrow \big(\alpha - (\bar{y} - \beta\bar{x})\big) = 0$$

이 되어 $\alpha = \bar{y} - \beta\bar{x}$에서 편미분한 값이 0이되고 $\alpha < \bar{y} - \beta\bar{x}$일 때는 음수, $\alpha > \bar{y} - \beta\bar{x}$일 때는 양수를 취하기 때문에 $\alpha = \bar{y} - \beta\bar{x}$에서는 최소값을 취하는 것을 알 수 있습니다.

최대우도 추정법의 경우에는

$$\frac{\partial l(\theta)}{\partial \alpha} = -\frac{1}{2\sigma^2}\sum_{i=1}^{n}\big\{ -2(y_i - \alpha - \beta x_i)\big\} = 0$$
$$\Leftrightarrow \bar{y} - \alpha - \beta\bar{x} = 0$$

이기 때문에 $\alpha = \bar{y} - \beta\bar{x}$에서 편미분한 값이 0이 되고 $\alpha < \bar{y} - \beta\bar{x}$에서는 양수, $\alpha > \bar{y} - \beta\bar{x}$에서는 음수이기 때문에 $\alpha = \bar{y} - \beta\bar{x}$에서는 극대값을 취하는 것을 알 수 있습니다.

최소제곱법과 최대우도 추정법은 목적이 되는 함수를 최소 또는 최대로 하는 값을 구하기 위해서 추정대상의 각 파라미터를 1번 편미분해서 극값을 취하는 점을 찾습니다. 그 극값이 최소값인지 최대값인지는 함수의 외형을 떠올릴 수 있는 경우에는 그 이미지로 판단을 하고 그럴 수 없는 경우는 극 값 앞뒤의 부호변화를 보고 판단합니다. 다만 이 컬럼의 내용은 실제 논의 에서는 당연한 사실로서 받아들여져서 따로 조사하는 일 없이 각각 1번 편 미분의 값을 추정값으로 채용하는 경우가 많습니다. 여러분도 실제로 적용 하는 경우에는 따로 조사할 필요는 없지만 극값이 극대값인지 극소값인지 를 조사하는 방법은 잊지 마시길 바랍니다.

CHAPTER 2.4
모델의 설명력 – 결정계수와 상관계수

선형 회귀 모델에서 피설명변량, 설명변량을 이용해서 어느 정도까지 설명할 수 있는지를 측정하는 지표로서의 결정계수를 소개했습니다. 여기 서는 결정계수의 사고방식에 대해서 설명하고자 합니다.

어떤 데이터가 그 평균에서 어느 정도 벗어나 있는 정도를 편차라고 부 릅니다. 지금 y_i와 그 평균 $\bar{y}$와의 편차 제곱의 합 $\displaystyle\sum_{i=1}^{n}(y_i - \bar{y})^2$을 생각해 봅니다. 표본분산은 편차 제곱의 합을 데이터의 개수 n으로 나눈 것으로 데 이터 1개당 변동의 크기를 나타내는 지표입니다. 이 편차 제곱의 합은 데이터 전체의 변동의 크기를 고려하고 있기 때문에 전변동이라고 부릅니다.

이 전변동은

$$\sum_{i=1}^{n}\left(y_i - \bar{y}\right)^2 = \sum_{i=1}^{n}\left(\hat{y}_i + \hat{u}_i - \bar{y}\right)^2$$

$$= \sum_{i=1}^{n}\left\{\left(\hat{y}_i - \bar{y}\right) + \hat{u}_i\right\}^2$$

$$= \sum_{i=1}^{n}\left(\hat{y}_i - \bar{y}\right)^2 + 2\sum_{i=1}^{n}\left(\hat{y}_i - \bar{y}\right)\hat{u}_i + \sum_{i=1}^{n}\hat{u}_i^2$$

$$= \sum_{i=1}^{n}\left(\hat{y}_i - \bar{y}\right)^2 + 2\sum_{i=1}^{n}\hat{y}_i\hat{u}_i - 2\bar{y}\sum_{i=1}^{n}\hat{u}_i + \sum_{i=1}^{n}\hat{u}_i^2$$

으로 변형할 수 있습니다. 마지막 식의 제 2 항은 잔차의 성질 3: $\sum_{i=1}^{n}\hat{y}_i\hat{u}_i$ = 0, 제 3 항은 잔차의 성질 1: $\sum_{i=1}^{n}\hat{u}_i = 0$인 것에서 양쪽 모두 0인 것을 알 수 있습니다. 따라서 전변동은

$$\sum_{i=1}^{n}\left(y_i - \bar{y}\right)^2 = \sum_{i=1}^{n}\left(\hat{y}_i - \bar{y}\right)^2 + \sum_{i=1}^{n}\hat{u}_i^2$$

라고 표현할 수 있습니다. 또 이 식의 우변에서 제 1 항목은

$$\sum_{i=1}^{n}\left(\hat{y}_i - \bar{y}\right)^2$$

으로 모델에 의한 예측값 $\hat{y}_i$와 $\bar{y}$의 편차 제곱의 합이어서 이른바 모델에 의해서 설명된 변동부분이라고 생각할 수 있습니다. 한편 제 2 항목은

$$\sum_{i=1}^{n}\hat{u}_i^2$$

처럼 잔차 제곱의 합이기 때문에 모델에서는 설명할 수 없었던 변동부분 입니다.

즉, 전변동은 모델에서 설명할 수 있는 부분과 설명할 수 없었던 부분으로 나눌 수 있습니다. 전변동에 대해서 모델이 어느 정도 설명할 수 있는지를 나타내는 지표를 결정계수라고 부르고 전변동에서 모델이 설명할 수 있는 부분의 비율로서 정의합니다. 일반적으로 결정계수는 R^2으로 표시하고, 구체적으로는 아래와 같이 정의합니다.

$$R^2 = \frac{\sum_{i=1}^{n}(\hat{y}_i - \bar{y})^2}{\sum_{i=1}^{n}(y_i - \bar{y})^2}$$

또는 잔차의 추정치를 이용해서

$$R^2 = 1 - \frac{\sum_{i=1}^{n}\hat{u}_i^2}{\sum_{i=1}^{n}(y_i - \bar{y})^2}$$

라고 나타낼 수 있습니다. 이 정의에서 알 수 있는 것처럼 결정계수란 데이터 y_i의 전변동에서 모델(이 경우는 단순 선형 회귀)의 변동이 설명하는 비율이므로 결정계수가 높을수록(1에 가까울수록) 모델은 데이터를 잘 설명하고 있는 것이 됩니다. 또 정의에 의해서 $0 \leq R^2 \leq 1$가 됩니다.

이 결정계수 R^2은 다음과 같이 변형할 수 있습니다.

$$R^2 = \frac{\sum_{i=1}^{n}(\hat{y}_i - \bar{y})^2}{\sum_{i=1}^{n}(y_i - \bar{y})^2} = \frac{\left\{\sum_{i=1}^{n}(\hat{y}_i - \bar{y})^2\right\}^2}{\sum_{i=1}^{n}(y_i - \bar{y})^2 \cdot \sum_{i=1}^{n}(\hat{y}_i - \bar{y})^2} = \frac{\left\{\sum_{i=1}^{n}(\hat{y}_i - \bar{y})(y_i - \bar{y})\right\}^2}{\sum_{i=1}^{n}(y_i - \bar{y})^2 \cdot \sum_{i=1}^{n}(\hat{y}_i - \bar{y})^2}$$

$$= \left[\frac{\sum_{i=1}^{n}(\hat{y}_i - \bar{y})(y_i - \bar{y})}{\sqrt{\sum_{i=1}^{n}(y_i - \bar{y})^2} \cdot \sqrt{\sum_{i=1}^{n}(\hat{y}_i - \bar{y})^2}}\right]^2$$

마지막 식을 보면 결정계수 R^2과 데이터 y_i와 $\hat{y}_i$의 표본상관계수의 제곱과 일치하고 있는 것을 알 수 있습니다. 여기서 상단 왼쪽에서 3번째 부호에서 분자의 계산은 다음의 관계를 이용했습니다.

$$
\begin{aligned}
\sum_{i=1}^{n}(\hat{y}_i - \bar{y})(\hat{y}_i - \bar{y}) &= \sum_{i=1}^{n}(\hat{y}_i - \bar{y})(y_i - \hat{u}_i - \bar{y}) \\
&= \sum_{i=1}^{n}(\hat{y}_i - \bar{y})\{(y_i - \bar{y}) - \hat{u}_i\} \\
&= \sum_{i=1}^{n}(\hat{y}_i - \bar{y})(y_i - \bar{y}) - \sum_{i=1}^{n}(\hat{y}_i - \bar{y})\hat{u}_i \\
&= \sum_{i=1}^{n}(\hat{y}_i - \bar{y})(y_i - \bar{y})
\end{aligned}
$$

결정계수라고 하면 피설명변량의 데이터 y_i와 설명변량 데이터 x_i의 표본상관계수 제곱이라고 기억하고 있는 사람이 있을지도 모르겠습니다. 그것은 최소 제곱 추정 또는 잔차로 정규분포를 가정한 경우의 최대우도 추정법에 의해서 절편과 기울기를 추정한 단순 선형 회귀 모델에 한정했을 때에만 맞습니다.

단순 선형 회귀 모델을 가정하고 최소제곱법 또는 최대우도 추정법으로 구한 파라미터의 추정값 $\hat{\alpha}$와 $\hat{\beta}$는

$$
\begin{aligned}
\hat{y}_i &= \hat{\alpha} + \hat{\beta}x_i \\
\bar{y} &= \hat{\alpha} + \hat{\beta}\bar{x}
\end{aligned}
$$

을 만족합니다. 여기에서 $\hat{y}_i$와 $\bar{y}$의 편차는

$$
\begin{aligned}
\hat{y}_i - \bar{y} &= (\hat{\alpha} + \hat{\beta}x_i) - (\hat{\alpha} + \hat{\beta}\bar{x}) \\
&= \hat{\beta}(x_i - \bar{x})
\end{aligned}
$$

라고 계산할 수 있습니다. 즉

$$\frac{\sum_{i=1}^{n}(\hat{y}_i - \bar{y})(y_i - \bar{y})}{\sqrt{\sum_{i=1}^{n}(y_i - \bar{y})^2} \cdot \sqrt{\sum_{i=1}^{n}(\hat{y}_i - \bar{y})^2}} = \frac{\sum_{i=1}^{n}\hat{\beta}(x_i - \bar{x})(y_i - \bar{y})}{\sqrt{\sum_{i=1}^{n}(y_i - \bar{y})^2} \cdot \sqrt{\sum_{i=1}^{n}\hat{\beta}^2(x_i - \bar{x})^2}}$$

$$= \frac{\hat{\beta}\sum_{i=1}^{n}(x_i - \bar{x})(y_i - \bar{y})}{\hat{\beta}\sqrt{\sum_{i=1}^{n}(y_i - \bar{y})^2} \cdot \sqrt{\sum_{i=1}^{n}(x_i - \bar{x})^2}} = \frac{\sum_{i=1}^{n}(x_i - \bar{x})(y_i - \bar{y})}{\sqrt{\sum_{i=1}^{n}(y_i - \bar{y})^2} \cdot \sqrt{\sum_{i=1}^{n}(x_i - \bar{x})^2}}$$

라고 계산할 수 있기 때문에

$$R^2 = \left\{ \frac{\sum_{i=1}^{n}(x_i - \bar{x})(y_i - \bar{y})}{\sqrt{\sum_{i=1}^{n}(y_i - \bar{y})^2} \cdot \sqrt{\sum_{i=1}^{n}(x_i - \bar{x})^2}} \right\}^2$$

라고 표현할 수 있습니다. 즉, 단순 선형 회귀에서 결정계수를 조사하는 작업은 피설명변량의 관측값 y_i와 설명변량의 관측값 $\hat{x}_i$의 표본상관계수의 제곱을 조사하는 것과 일치합니다. 다만, 표본상관계수는 2쌍의 표본에 대해서 정의되어 있기 때문에 설명변량이 2개 이상인 회귀 모델(다중 회귀 모델)의 경우에는 이 논의가 성립하지 않습니다. 또 단순 선형 회귀 모델이라도 절편을 고려하지 않는 $y_i = \beta x_i + u_i$의 경우는 결정계수가 y_i와 x_i의 표본상관계수 제곱과 일치하지 않습니다.

이상과 같이 보통 선형 회귀 모델 등의 통계모델에 의한 설명력은 데이터 전체의 변동의 크기인 전변동에 대해서 통계 모델에 의한 변동이 어느 정도 비율을 차지하고 있는지로 판단합니다. 저자들에게 익숙한 금융 분야 등에서는 결정계수가 매우 작은 모델을 그대로 사용하고 있는 실례를 보기도 하는데 이 경우 잔차 부분 즉, 노이즈가 현상의 대부분을 설명한다는 것으로 추정한 모델 자체는 거의 도움이 되지 않는다는 것을 의미하고 있습니다.

컬럼 : 비선형 회귀 모델의 피팅

이 장에서는 $y=f(x)+\varepsilon$의 f가 선형 함수인 선형 회귀 모델만을 자세하게 다루었지만 실무에서는 비선형 함수 f를 데이터에 피팅해야 할 경우가 생기기도 합니다. 이 경우는 R의 비선형 회귀용 함수 nls를 사용해서 피팅을 해도 되지만 사실은 이 책에서 다루고 있는 최소제곱법을 사용해도 충분한 경우가 많습니다.

예를 들면 다항식 $y=\alpha+\beta_1 x+\beta_2 x^2$의 경우라면 x에 대응하는 데이터를 제곱하는 것으로 x^2의 데이터를 만들 수 있기 때문에 $(y_i,\ x_i,\ x^2_i)$라는 조합의 데이터를 만드는 것으로 최소제곱법을 적용할 수 있습니다. 또 지수 함수 $y=\exp(\gamma x)$처럼 덧셈이 되어 있지 않은 경우에도 양변의 로그를 취해서 $\log y=\gamma x$라고 변형할 수 있기 때문에 $(\log y_i,\ x_i)$라는 쌍의 데이터를 준비하면 이것도 최소제곱법으로 피팅이 가능합니다. 비선형함수의 회귀를 실행하는 경우는 바로 고도의 비선형용의 함수를 사용하는 것이 아니라 최소제곱법으로 피팅할 수 있는지를 먼저 검토해야 합니다.

CHAPTER 2.5
회귀 모델의 한계 – 분류의 응용

이번 절에서는 지도 학습 분류 예시로 기업의 투자 등급 데이터를 다룹니다. 어떤 기업이 투자에 적격인지 또는 충분한 신용도를 가지고 있는지는 투자자에게 매우 중요한 정보입니다. 주식회사 등급 평가 투자 정보센터(R&I), 주식회사 일본 등급 평가 연구소(JCR)를 비롯한 투자 등급 평가 기관은 독자적으로 기업의 신용도를 조사해 등급을 부여하고 있고 투자자는 그 투자 등급 평가 정보를 이용하고 있습니다. 실제 등급 평가는 세밀하게 분류하고 있지만 이 절에서는 가능한 단순하게 하기 위해 기업의 신용도가 '충분히 있다' 또는 '충분하지 않다'의 2가지 값으로 간략화해서 살펴보겠습니다.[10]

상장기업이라면 미리 정해진 가이드라인에 따라서 자신의 재무 정보나 결산 정보를 공표합니다. 재무 정보란 그 기업이 부채, 자산 등을 어느 정도 가지고 있는지 등을 기록한 것이고, 결산 정보란 기업의 매출이나 이익 등이 어느 정도 있는지를 기록한 것입니다.

여기에서는 기업이 발표하는 재무·결산 정보 중 기업이 보유하는 자산, 부채 등의 정보를 바탕으로 작성한 지표에 근거해서 해당 기업에 신용이 있는지를 분류하는 문제에 대해서 생각해 봅니다.

전문가도 공표된 재무·결산 정보 등을 바탕으로 그 기업의 신용도를 측정하고 있습니다. 만약 공표된 재무·결산 정보를 바탕으로 그 기업의 신용도를 판단하는 방식을 컴퓨터에 학습시킬 수 있다면 기업의 신용도의 자동진단이 가능하게 됩니다.

지금까지 기업의 신용도를 측정하기 위한 지표에 대해서 여러 가지 연구가 진행되고 있지만, 여기서는 2가지의 지표를 살펴보겠습니다. 기업이 가지고 있는 총자산에 대한 부채의 비율을 나타내는 안전성 지표와 비교적 자유롭게 이동할 수 있는 자신인 현금·예금의 비율을 나타낸 유동성 지표를 채용하겠습니다.

....

10 금융실무의 세계에서도 BBB 등급 이상을 투자적격, BB 등급 이하를 투기적 등급으로 불러 2가지 값으로 분류하고 있습니다.

지표명	구성 방법
안전성 지표	총부채 ÷ 총자산
유동성 지표	현금·예금 ÷ 총자산

표 2.1 재무 데이터로 작성하는 2가지의 지표

이 책에서는 몇 개의 기업이 발표한 재무·결산 정보를 바탕으로 한 지표를 작성하고 문제의 정답인 레이블로서 그 기업의 신용도가 충분한 경우에는 1, 그렇지 않은 경우에는 0을 할당한 데이터를 작성해 **R**의 객체 Data로 준비해 두었습니다.

R에서 객체 내용을 표시하려면 객체 이름을 그대로 R console에 입력하고 Enter 키를 누릅니다. 여기서는 객체 이름인 Data를 입력합니다.

```
> Data
   Status    안정성        유동성
1       1 0.2690395 0.20507927
2       1 0.6316404 0.07903855
3       1 0.4407282 0.10157981
4       1 0.3105586 0.07752313
5       1 0.4076202 0.13408919
:
:
83      0 0.5219878 0.31621894
84      0 0.7187881 0.12123620
85      0 0.8376152 0.10422372
86      0 0.7148737 0.06282807
87      0 0.8307221 0.12409249
```

이렇게 데이터의 내용이 표시됩니다. 이 데이터에 관한 객체는 데이터 프레임이라고 불리고 그 개요를 조사하기 위한 명령이 몇 가지 준비되어 있습니다.

```
> dim(Data)
[1] 87 3
> names(Data)
[1]  "Status" "안정성" "유동성"
> table (Data $ Status)

 0  1
23 64
```

dim 함수는 데이터의 행수와 열수를 반환합니다. Data는 87행, 3열로 되어 있는 것을 알 수 있습니다. names 함수는 열의 이름을 반환합니다. 이 객체 Data는 Status, 안전성, 유동성 3개의 열로 구성되어 있고 기업의 신용도는 Status로 기록되어 있습니다. table 함수는 빈도표를 만듭니다. 인수는 Data$Status이고 이것은 Data 객체의 Status라는 열을 지정하고 있습니다. 즉 Status는 "1"이 할당된 신용도가 충분한 기업이 64개, "0"이 할당된 신용도가 충분하지 않은 기업이 23개 포함되어 있습니다.

그렇다면 기업의 신용도에 대해서 지금까지 다루었던 선형 회귀 모델을 이용해서 분류하는 방법을 생각해 봅니다.

우선 단순 선형 회귀 모델을 이용해서 0과 1, 2개의 값만 취하는 피설명변수 Y를 안전성 지표만으로 설명해 봅니다.

단순 선형 회귀 모델을 피팅하기 위해서 R console에 다음과 같이 입력합니다.

```
> lm (Status ~ Data [,2]  , data=Data)
```

실제로 **R**에서 명령을 입력한 경우에는 피팅한 단순 선형 회귀 모델의 결과가 출력되지만 여기서는 명령의 설명을 하기 위해서 결과는 생략하고 있습니다. lm 함수의 인수 data의 값으로 객체 Data를 지정하고 있기 때문에 피설명변수를 Data$Status라고 지정하지 않고 Data에 보관되어 있는 열 이름 Status를 입력하는 것만으로 지정할 수 있습니다. 설명 변량으로 Data의 2번 째 열에 저장되어 있는 안전성 지표를 지정하기 위해 Data[,2]라고 설정합니다. 즉 단순 선형 회귀 모델로서

$$\text{Status} = \alpha + \beta \times \text{안정성} + \varepsilon$$

의 피팅을 지시하고 있습니다.

lm 함수 등을 이용할 때 모델의 추정결과는 **R**의 객체에 대입해서 보존해 두면 조작이 쉬워집니다. 여기서는 객체 result.lm1에 저장합니다.

```
> result.lm1=lm(Status ~ Data[,2] , data=Data)
```

대입한 결과를 확인하고 싶은 경우에는 단순히 객체 이름 result.lm1이라고 타이핑하고 Enter 키를 누릅니다.

```
> result.lm1

Call:
lm(formula = Status ~ Data[, 2], data = Data)

Coefficients:
(Intercept) Data[, 2]
    1.541     -1.555
```

이제 출력에 대해서 설명해 보겠습니다. Call:에는 입력했던 명령이 표시되고 Coefficients:에서는 단순 선형 회귀 모델의 파라미터의 추정치가 표시되어 있습니다. 절편항의 파라미터 α는 (Intercept)에 설명변량인 안전성 지표의 계수 β는 Data[,2]에 기재되어 있고 각각의 추정치는 1.541,

−1.555입니다.

단순 선형 회귀 모델의 피팅 결과에 대해서 더 자세한 정보를 확인하려면 summary 함수를 이용합니다.

```
> summary(result.lm1)

Call:
lm(formula = Status ~ Data[, 2], data = Data)

Residuals:
     Min      1Q   Median      3Q      Max
-0.76604 -0.23141  0.04443  0.20322  0.56240

Coefficients:
             Estimate Std. Error t value Pr(>|t|)
(Intercept)   1.54148    0.09288  16.596  < 2e-16 * * *
Data[, 2]    -1.55501    0.16704  -9.309 1.28e-14 * * *
---
Signif. codes:  0 ' * * * ' 0.001 ' * * ' 0.01 ' * ' 0.05 '.' 0.1 ' ' 1

Residual standard error: 0.314 on 85 degrees of freedom
Multiple R-squared:  0.5048,    Adjusted R-squared:  0.499
F-statistic: 86.66 on 1 and 85 DF,  p-value: 1.279e-14
```

피설명변량은 각 기업의 분류 정보가 보관된 Status인 객체 Data의 첫 번째 열에 보관되어 있습니다. 설명변량으로서 Data의 두 번째 열에 보관되어 있는 안전성을 채용한 모델식을 피팅한 결과는

$$\text{Status} = 1.54148 - 1.55501 \times 안정성 + \varepsilon \qquad (2.16)$$

이 되어 결정 계수는 0.5048입니다.

모델식을 이용해서 예측값을 계산하겠습니다. 다시 말하면 설명변량인 안전성 지표만으로 어느 정도 정확하게 기업의 신용도를 진단할 수 있는지를 확인합니다.

우선 모델의 추정 결과에 근거한 예측값을 계산할 때는 predict 함수를 이용합니다.

```
predict(분석 결과가 보관된 객체 이름)
```

그렇다면 result.lm1을 지정해서 단순 선형 회귀 모델의 피팅 결과를 이용한 Status의 예측값을 확인해 봅니다.

```
> predict(result.lm1)
          1          2          3          4          5          6
 1.12311763 0.55927025 0.85614026 1.05855516 0.90762356 0.94362785
    :
    :
         85         86         87
 0.23897768 0.42984169 0.24969657
```

Status의 예측값은 0, 1의 값이 아닌 실수값이 됩니다. 여기서 이번은 소수점 첫째 자리를 반올림한 값을 예측값으로서 채용합니다. 즉, 예측값이 0.5 이상이라면 신용도가 충분한 기업이고 0.5 미만이라면 신용도가 불충분한 기업이라고 간주됩니다. R에서 반올림을 실행하려면 round 함수를 이용합니다.

```
round(대상으로 하는 객체 이름, digits=0)
```

인수 digits는 유효 자릿수를 지시하는 인수이고, 소수점 첫째 자리를 반올림해서 정수값을 얻는 경우에는 digits=0으로 하고 소수점 둘째 자리를 반올림해서 소수점 첫째 자리까지 값을 얻는 경우에는 digits=1이라고 지정합니다. 또, digits를 생략한 경우에는 digits=0이 지정됩니다. 그러면 단순 선형 회귀 모델을 피팅한 결과를 이용해 예측값의 소수점 첫째 자리에서 반올림 해봅니다.

```
> round(predict(result.lm1),0)
 1  2  3  4  5  6  7  8  9 10 11 12 13
 1  1  1  1  1  1  1  1  1  1  1  1  0
  :
  :
79 80 81 82 83 84 85 86 87
 0  0  0  1  1  0  0  0  0
```

이것으로 단순 선형 회귀 모델에 의한 예측값을 레이블처럼 0과 1의 값으로 바꿀 수 있습니다. 그렇다면 레이블인 Status와 비교해서 단순 선형 회귀 모델을 이용한 판단의 정확도를 확인하기 위해서 교차표를 작성해 봅니다. 교차표 작성에는 table 함수를 이용합니다. 또 Status는 객체 Data의 첫 번째 열에 보관되어 있기 때문에 다음과 같이 입력하면 목표했던 교차표를 얻을 수 있습니다.

```
> table(x=round(predict(result.lm1),0),y=Data[,1])
   y
x    0  1
  0 20  3
  1  3 61
```

교차표 x에는 예측값의 소수점 첫째 자리를 반올림한 값 y에는 레이블의 값이 표시되어 있습니다. 레이블을 기준으로 보면 원래 신용도가 충분한 64개 기업 중에 충분하지 않다고 잘못 판단된 기업이 3개 있습니다. 한편 원래는 신용도가 충분하지 않은 23개 기업 중에 신용도가 충분하다고 잘못 판단된 기업이 3개 있습니다. 그 결과 전체 87개 기업 중 잘못 판단된 기업이 6개이기 때문에 잘못 판단한 비율은 6.90%가 됩니다.

마지막으로 단순 선형 회귀 모델의 피팅 결과에 의한 직선을 관찰해서 단순 선형 회귀 모델의 피팅 상태를 시각적으로 확인해 봅니다.

```
> plot(x=Data[,2], y=Data[,1],
+       xlab=names(Data)[2], ylab=names(Data)[1])
> abline(coef(result.lm1))
```

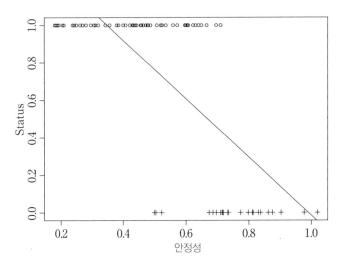

그림 2.11 안정성만을 이용한 단순 선형 회귀 직선의 피팅 결과

그림 2.11은 가로축으로 안전성, 세로축으로 Status를 플롯으로 표시하고 단순 선형 회귀 모델의 피팅 결과의 직선을 겹쳐서 그린 것입니다.

피설명변량인 Status는 0이나 1의 값만 취하기 때문에 그림 위쪽(1 기준)과 아래쪽(0 기준)으로 2개 층으로 나뉘어 있고 안전성의 값이 클수록 Status가 0인 것이 많아지는 경향이 관찰됩니다.[11]

그림 2.12는 회귀 직선상에 종목을 매핑한 것 즉, 얻은 회귀 모델(2.16)에 각 종목의 안전성의 값을 대입해서 얻어진 예측값을 표시한 것입니다. 또 이번은 예측값이 0.5 이상이면 신용도가 충분한 종목이고, 0.5 미만이면

....

11 안전성 지표는 총자본에 대한 부채의 비율이기 때문에 값이 클수록 부채의 비율이 커지게 됩니다.

충분하지 않은 종목이라고 판단하고 있기 때문에 높이 0.5에 맞춰 기준선을 그렸습니다.

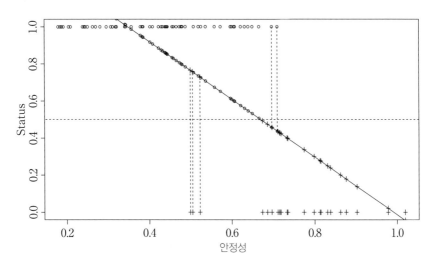

그림 2.12 안정선만 사용한 단순 선형 회귀 직선의 피팅 결과 : 회귀 직선상에 매핑

원래는 신용도가 충분한 종목인데도 불구하고 예측값이 0.5를 밑돌아 불충분한 종목이라고 판단되어 버린 3종목, 원래는 신용도가 충분하지 않은 종목인데도 예측값이 0.5 이상이 되어 충분한 종목이라고 판단되어 버린 3종목에서 수선을 긋고 있습니다. 피팅한 결과나 그림만으로 보면 단순 선형 회귀 모델의 추정도 그렇게 나쁘지 않습니다.

이어서 설명변량을 늘려봅니다. 이번에는 2개의 지표를 이용하고 있기 때문에 각각의 데이터를 x_{i1}, x_{i2}[12]로 하면 선형 회귀 모델은

$$y_i = \beta_0 + \beta_1 x_{i1} + \beta_2 x_{i2} + \varepsilon_i$$

이라고 표현할 수 있습니다. 여기서 관측 수를 n으로 해서 다음과 같은

....

12 x옆에 첨가된 작은 글자의 의미는 어떤 행렬의 i행 j열의 요소를 x_{ij}라고 쓰는 것에서 유래 됐습니다.

벡터 표현

$$\boldsymbol{y} = \begin{pmatrix} y_1 \\ y_2 \\ \vdots \\ y_n \end{pmatrix}, \quad \boldsymbol{x}_i = \begin{pmatrix} x_{i1} \\ x_{i2} \\ \vdots \\ x_{in} \end{pmatrix}, \quad \boldsymbol{\varepsilon} = \begin{pmatrix} \varepsilon_1 \\ \varepsilon_2 \\ \vdots \\ \varepsilon_n \end{pmatrix}, \quad \boldsymbol{1} = \begin{pmatrix} 1 \\ 1 \\ \vdots \\ 1 \end{pmatrix}$$

을 이용하면 앞의 선형 모델은

$$\boldsymbol{y} = \beta_0 \boldsymbol{1} + \beta_1 \boldsymbol{x}_1 + \beta_2 \boldsymbol{x}_2 + \boldsymbol{\varepsilon} \tag{2.17}$$

이라고 표현할 수 있습니다. 거기에 계수 벡터 $\boldsymbol{\beta} = (\beta_0, \beta_1, \beta_2)^T$라고 설명 변량의 행렬 표현 $X = (\boldsymbol{1}, \boldsymbol{x}_1, \boldsymbol{x}_2)$을 이용하면

$$\boldsymbol{y} = X\boldsymbol{\beta} + \boldsymbol{\varepsilon} \tag{2.18}$$

로 바꾸어 쓸 수 있습니다. 위에서 쓰여진 모델식 (2.17)과 (2.18)은 같은 것이지만 상황에 따라서 나누어 사용할 수 있기 때문에 양쪽 표현식 모두 이해해 두는 것이 좋습니다.

그럼 피설명변량 Status를 2개의 지표 : 안전성, 유동성에서 설명하는 선형 회귀 모델을 살펴보겠습니다. R에서 출력 결과는 다음과 같습니다.

```
> result.lm=lm(Status~. , data=Data)
> summary(result.lm)

Call:
lm(formula = Status ~ ., data = Data)

Residuals:
     Min      1Q   Median      3Q      Max
-0.76475 -0.20511  0.04818  0.17459  0.55058

Coefficients:
            Estimate Std. Error t value Pr(>|t|)
(Intercept)   1.7946     0.1058  16.965  < 2e-16 * * *
안전성        -1.6850     0.1570 -10.736  < 2e-16 * * *
```

```
유동성      -1.4879    0.3667  -4.058  0.00011 * * *
---
Signif. codes: 0 '* * *' 0.001 '* *' 0.01 '*' 0.05 '.' 0.1 ' ' 1

Residual standard error: 0.2888 on 84 degrees of freedom
Multiple R-squared: 0.586,    Adjusted R-squared: 0.5761
F-statistic: 59.45 on 2 and 84 DF, p-value: < 2.2e-16
```

lm 함수 안에서의 모델식 지정은 인수 data에 객체 Data를 전달하고 있습니다. 이렇게 해야 객체 Data의 열 이름만으로 모델을 지정하는 것이 가능해집니다. 구체적으로는 ~의 좌변에서 Status라는 명칭으로 피설명변량을 지정하고 ~의 다음에 .(마침표)는 피설명변량인 Status 이외의 Data의 열을 모두 설명변량으로서 채용하도록 지시합니다.

R에서 얻은 선형 회귀 모델의 피팅 결과는

$$Status = 1.7946 - 1.6850 \times 안전성 - 1.4879 \times 유동성 + \varepsilon$$

이 됩니다. 여기서 summary 함수에 의한 출력의 최하단에 있는 F-statistic은 F 검정의 결과를 나타내고 있습니다. 이 F 검정의 귀무가설은 '회귀계수가 모두 0'입니다.[13] p값이 매우 낮고 만약에 유의 수준을 1%로 해도 귀무가설이 기각되기 때문에 이 모델은 의미가 있다고 판단할 수 있습니다. 이 피팅에서 얻어진 결정계수는 0.586로 앞의 단순 선형 회귀 모델의 약 0.505 더 상승했습니다. 결정계수의 변화만 보면 모델의 피팅 결과가 상승했다고 생각할지도 모르겠지만, 모델을 비교하려고 할 때 단순히 결정계수를 비교하면 안 됩니다. 그 이유는 결정계수는 설명변량을 늘리면 감소하는 일 없이 증가하기 때문에 비교가 성립하지 않습니다. 결정계수를 대신하는 지표로 자유도를 조정한 조정 결정계수가 있는데 이것

....
13 모든 회귀계수가 0이라는 것은 안전성 유동성에 관계된 계수가 모두 0이라는 것을 의미합니다. 즉 Status의 설명에 아무런 기여도 하지 않아 회귀 모델로서의 의미가 없는 것을 가리킵니다.

이 일반적으로 사용됩니다. 조정 결정계수는 설명변량이 늘어나면 그만큼 패널티가 부과되도록 조절을 한 결정계수입니다. R에서는 Adjusted R-squared로 표시됩니다. 단순 선형 회귀 모델의 수정된 결정계수는 0.499였지만 이번의 선형 모델의 경우 0.5761로 되어 있기 때문에 설명력은 향상되었다고 할 수 있습니다.

이어서 선형 회귀 모델에 근거한 예측값과 레이블의 교차표를 작성해 봅니다.

```
> table(x=round(predict(result.lm),0),y=Data[,1])
   y
x    0  1
  0 20  2
  1  3 62
```

역시 앞의 단순 선형 회귀 모델에 비해 설명력이 향상되었습니다. 신용도가 있는 64개의 기업 중 신용도가 충분하지 않은 것으로 잘못 판단된 기업이 2개로 줄어서 잘못 판단한 비율이 5.75%로 줄었습니다.

지금까지의 결과를 보면 선형 회귀 모델이라도 지도 학습 분류를 충분히 다루고 있는 것처럼 보입니다. 하지만 예측값이 취할 수 있는 값에 문제가 있습니다. 이 문제에 대해 확인해 보겠습니다.

먼저 레이블의 분류에 근거해서 상자그림을 그려봅니다.

```
> boxplot(split(predict(result.lm),Data[,1]),col=grey(0.8))
> abline(h=0.5,lty=3)
```

여기서 split 함수는 어떤 객체를 지정한 그룹핑 방법에 따라서 나누기 위해서 사용합니다.

```
split(객체, 그룹핑 방법)
```

이번은 선형 모델의 결과에 근거한 예측값 predict(result.lm)에 대해서 레이블인 첫 번째 열 즉, Status로 나누고 있습니다. split 함수에서 나눈 데이터를 boxplot 함수에 전달하면 그룹마다 상자그림을 그리게 됩니다.

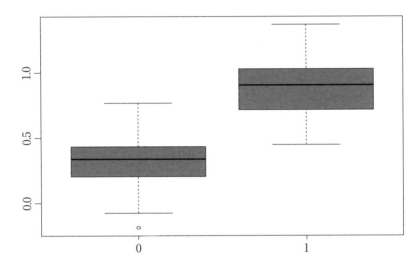

그림 2.13 레이블로 분류한 선형 모델의 예측값의 상자그림

상자그림은 데이터의 분포를 한눈에 이해하기 위한 도구입니다. 상자의 중앙선이 중앙값 상자의 상단이 제 3 사분위, 상자의 하단이 세 1 사분위가 됩니다. 상자에서 위 아래로 조금 떨어진 2개의 수평선은 신뢰할 수 있는 값의 상단과 하단을 나타내고 그것 보다 밖에 있는 값은 이상값이 됩니다.[14]

왼쪽의 상자그림은 신용도가 충분하지 않다고 예측된 기업이 속해있는 그룹(그룹 0)의 예측값의 분포, 오른쪽의 상자그림은 신용도가 충분하다

....

14 신뢰할 수 있는 구간에 대해서는 사용한 소프트웨어에 따라 계산의 방법이 다릅니다.

라고 예측된 기업이 속한 그룹(그룹 1)의 예측값의 분포를 나타내고 있습니다. 그룹 0에 속해 있는 점의 값 범위가 0을 밑돌고 있고, 그룹 1에 속한 점이 1을 상회하고 있는 것을 쉽게 알 수 있습니다. 시각적인 확인뿐만 아니라 구체적인 수치를 확인하기 위해서 예측값의 최소값, 최대값 분위수를 확인합니다. 수치 벡터의 객체에 summary 함수를 적용시키면 최소값, 제 1 사분위, 중앙값, 평균값, 제 3 사분위, 최대값을 표시합니다.[15]

```
> summary(predict(result.lm))
   Min. 1st Qu.  Median    Mean 3rd Qu.    Max.
-0.1847  0.5090  0.8233  0.7356  0.9724  1.3650
```

예측값의 최소값은 −0.1847로 음수 값을 취하고 최대값은 1.3650으로 1을 넘고 있는 것을 알 수 있습니다. 0.5를 기준으로 그 위, 아래로 신용도가 충분한지, 충분하지 않은지를 무리하게 판단하려고 하면 판단할 수 없는 것은 아닙니다. 하지만 정의역이 양수 값인데도 불구하고 음수인 예

....

15 옮긴이 주_ 상자그림은 데이터의 분포를 시각적으로 표현해줍니다. 상자그림의 장점은 평균과 비교했을 때 잘 알 수 있습니다. 예를 들어 5명인 반의 평균이 50점이라고 했을 때는 전체 학생들의 점수의 합을 5로 나눈 값이 50점이라는 것을 알 수 있습니다. 하지만 그 반에서 한 가운데 등수인 3등이 꼭 50점이라는 뜻은 아닙니다. 예를 들어 이렇게 전혀 다른 분포를 가진 반이 있을 수도 있습니다.

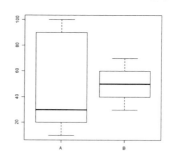

A반			B반	
1등	100		1등	70
2등	90		2등	60
3등	30		3등	50
4등	20		4등	40
5등	10		5등	30

이런 차이는 평균으로 알 수 없기 때문에 상자그림을 그려서 그 분포 상태를 파악하는데 도움을 받을 수 있습니다. 상자 안의 선이 3등의 분포 위치를 알려주고 상자 위쪽이 2등의 분포 위치를 알려주고 상자 아래쪽은 4등의 분포 위치를 알려줍니다. 가장 아래쪽의 선과 가장 위쪽의 선은 각각 5등과 1등의 위치를 알려주게 됩니다.

측값이 나오거나 이산값 데이터인데도 원래 예측값으로서 해석할 수 없는 실수값이 나오는 것은 역시 석연치 않습니다. 더욱이 직선을 따르는 경향이 보이지 않는 데이터에 직선을 피팅하는 것이기 때문에 회귀 직선의 해석이 매우 곤란합니다.

일반적으로 선형 회귀 모델에서는 피설명변량이 이산값을 취하는 경우나 연속값인데도 일부의 구간의 값 외에는 취하지 않는 경우에 대해서는 모델이 데이터를 제대로 설명할 수 없다는 것을 알 수 있습니다. 따라서 피설명변량이 이산값을 취하는 지도 학습 분류는 제대로 되지 않는 것이 당연합니다. 다음 장에서는 지도 학습의 분류 문제를 해결하기 위한 머신러닝 방법에 대해서 설명하겠습니다.

Part

3

경계에 의한
분류

2.5절에 이어서 기업의 안전성과 유동성의 지표를 사용해서 신용도가 있는 기업의 그룹과 그렇지 않은 그룹, 2가지 범주로 분류하는 문제를 예로 들겠습니다. 그림 3.1에서 가로축은 안전성 지표, 세로축은 유동성 지표로 두고 신용도가 있는 기업은 ○, 그렇지 않은 기업은 +로 표시합니다. 안전성과 유동성 이 2가지 지표로 기업을 분류하는 작업을 한다는 것은 그림 3.1에 어떠한 방법으로 경계를 그어서 2개 그룹으로 나누는 것을 의미합니다. 이번 장에서는 이 경계를 사용해서 분류를 하는 방법 중 가장 대표적인 2가지 방법, 선형 판별 분석과 서포트 벡터 머신을 다루겠습니다.

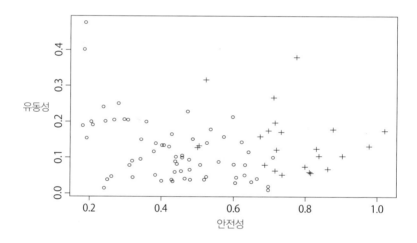

그림 3.1 ○는 투자적격 종목, +는 부적격 종목을 나타내고 있습니다

CHAPTER 3.1
선형 판별 분석

3.1.1 평면을 분할한다

선형 판별 분석은 공간상에 있는 점을 경계를 이용해서 2개의 그룹으로 분류하는 방법입니다. 이번에 다루고 있는 문제는 2개의 지표를 기준으로 한 분류이기 때문에 여기서는 xy 평면상의 점을 분류하는 문제에 해당됩니다. 그림 3.2의 왼쪽 그림에서는 xy 평면상에 ○와 ▲가 각각 5개씩 표시되어 있습니다. 이 10개의 점을 하나의 직선에 의해서 ○와 ▲으로 구성된 2개의 그룹으로 분류하는 문제를 생각해 보겠습니다. ○와 ▲을 분류하기 위해서는 x축에 사영하고 각각의 수선의 발[1]을 확인하면 x축의 왼쪽에 ○, 오른쪽에 ▲가 모여있는 것을 알 수 있습니다. 즉, 이 2개의 그룹은 수직선(y축에 평행한 직선)을 그리는 것으로 분류할 수 있습니다.

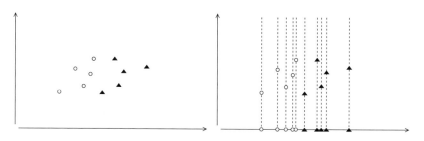

그림 3.2 xy 평면상에 플롯이 그려진 2개 그룹의 ○과 ▲의 분류1

다음은 그림 3.3을 살펴보겠습니다. 이것도 왼쪽 그림의 xy 평면상에 ○와 ▲가 각각 5개씩 표시되어 있습니다. 이번에도 x축에 수직선을 그리

---

1 두 직선이 서로 수직으로 만났을 때 한 선을 다른 직선에 대한 수선이라고 말합니다. 수선의 발은 한 점에서 직선이나 평면에 수선을 그었을 때 생기는 교점을 의미합니다.

는 것으로 2개의 그룹으로 잘 분류할 수 있을까요? 각 점의 x축에 사영하는 것을 생각해 보면 ○와 ▲가 섞이는 부분이 생겨서 명확하게 수직선으로 2개의 그룹으로 나눌 수 없습니다.

그렇다면 사고방식을 바꾸어서 y축에 사영하는 것을 생각해 봅니다.

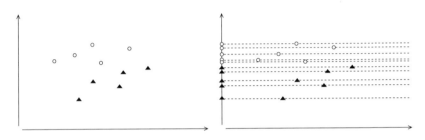

그림 3.3 xy 평면상에 플롯이 그려진 2개 그룹의 ○과 ▲의 분류2

즉, y축에 내린 수선의 발에서 생각해보면 위쪽에 ○, 아래쪽에 ▲가 모여 ○와 ▲가 섞이는 부분이 없는 것을 알 수 있습니다. 따라서 수평선(x축에 평행한 직선)으로 2개의 그룹으로 분류할 수 있는 것을 알 수 있습니다.

이어서 조금 복잡한 예를 살펴보겠습니다.

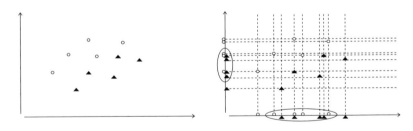

그림 3.4 xy 평면상에 플롯이 그려진 2개 그룹의 ○과 ▲의 분류3

그림 3.4의 왼쪽 그림은 xy 평면상에 10개의 점이 있고 각각 2개의 그룹 ○와 ▲에 속해 있는 모습을 나타내고 있습니다. 앞서 2개 예처럼 x축으로의 사영, y축으로의 사영을 각각 생각해 보아도 양쪽 모두 2개의 그

룹의 점이 섞여서 제대로 분류할 수 없습니다. 그림 3.4의 오른쪽 그림처럼 각각 x축, y축에 그은 수선의 발을 확인해보아도 타원으로 표시한 부분에서 ○와 ▲가 섞여 있어 어떤 축에서도 2개의 그룹으로 나눌 수 없다는 것을 알 수 있습니다.

이번엔 축에 평행한 선을 사용하는 것을 포기하고 2개의 그룹을 분할할 수 있는 다른 경계를 찾는 것을 고려해 봅니다. 그림 3.5에는 2개의 그룹으로 분할할 수 있을 것 같은 경계가 되는 직선 즉, 경계선이 그어져 있습니다. 경계선과 직교하고 있는 직선에서 내린 수선의 발을 확인하면 2개의 그룹으로 분류되는 것을 알 수 있습니다.

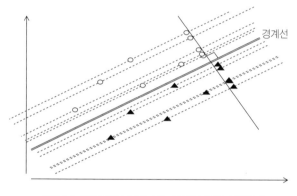

그림 3.5 평면상에 그려진 2개 그룹의 플롯을 분할한다

지금까지의 예를 통해 2개의 그룹에 각각 속한 점을 어떤 경계선으로 분류할 수 있다는 것은 어떤 직선에 대해 각 점에서 수선을 내려 그 수선의 발이 2개의 그룹으로 분류될 수 있는 것을 알 수 있습니다. 이 아이디어를 활용한 방법이 선형 판별 분류입니다.

선형 판별 분석에서는 경계선을 직접 구하지 않습니다. 그 대신 각 점에서 내린 수선의 발이 분류될 수 있는 직선을 찾습니다. 만약 2개의 그룹을 잘 분류할 수 있는 경계선을 찾았다고 해도 평행 이동한 경우에는 분류할 수 없게 되지만 각 점에서 내린 수선의 발을 분류할 수 있는 직선은 평행이동해도 여전히 분류가 가능합니다. 평행이동할 수 있다는 것은 그 직선의 기울기만을 확인하면 된다는 것을 의미합니다. 한편 경계선처럼 평행이동이 허락되지 않는 것은 기울기뿐만 아니라 직선이 지나가는 점도 함께 구해야 해서 계산량이 늘어나기 때문에 직선을 고정해야 합니다.

그림 3.6의 왼쪽 그림에는 ○와 ▲의 한쪽에 속하는 많은 점들이 표시되어 있고 그 점들을 분류할 수 있는 직선을 오른쪽 위쪽에 그렸습니다. 그 직선 위로 그어진 수선의 발들이 직선의 주변에 그려져 있습니다. 이 관계를 이용해서 오른쪽 그림에서 보이는 것처럼 ○와 ▲가 흩어진 상태를 확인합니다. 여기서 2개의 그룹으로 나눌 수 있는 지점이 구하려고 하는 분류의 경계가 됩니다.

물론 2개 그룹으로 잘 분류할 수 있는 경우만 있는 것은 아닙니다. 그림 3.7의 왼쪽 그림에서는 ○와 ▲가 일부 섞여 있기 때문에 분류 가능한 직선을 찾아 보아도 완전하게 분리하기 어렵습니다.

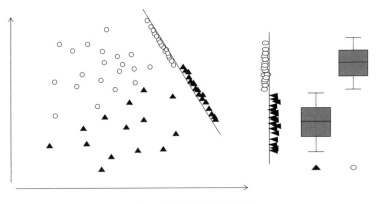

그림 3.6 잘 분류할 수 있는 경우

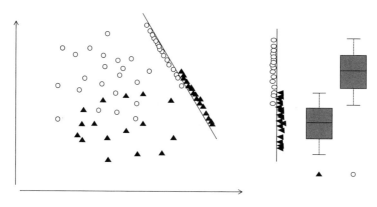

그림 3.7 모두 분류할 수 없는 경우

선형 판별 분석은 분류를 가능하게 하는 직선을 구하는 방법이라고 소개했습니다. 하지만 실용적 목적은 경계선을 구하는 것이고, 그림 3.7의 오른쪽 그림과 같이 가능한 분류할 수 있는 직선상에 ○와 ▲를 분류하는 경계를 정하는 것이 필요합니다. 물론 어느 곳에 경계를 그어도 완전하게 분류할 수 있는 것은 아니기 때문에 어떤 규칙에 의해서 경계를 긋게 됩니다.

간단히 정리하면 선형 판별 분석에서는 xy 평면상에 표시한 점들을 경계가 되는 직선을 그어서 2개의 그룹으로 분류합니다. 다만 경계를 직접 구하지 않고 잘 분류할 수 있는 직선, 즉 경계와 직교하는 직선을 구하는 것으로 계산을 줄이는 노력을 하고 있습니다.

3.1.2 판별 분석을 실현하는 방식

이번 절에서는 xy 평면상에 플롯된 2개 그룹에 각각 속한 점들을 분류하는 선형 판별 분석을 설명하겠습니다.

각 데이터는 xy 평면상의 점으로 나타내기 때문에 $(x_i,\ y_i)$라고 표현합니다. 모든 데이터의 수를 n으로 하고 제 1 그룹에 속하는 데이터를 $i=1$,

2, $\cdots$, n_1, 제 2 그룹을 $i=n_1+1$, n_1+2, $\cdots$, n_1+n_2라고 하겠습니다.

또 제 1 그룹에 속한 데이터 수는 n_1, 제 2 그룹에 속한 데이터 수는 n_2이고 $n=n_1+n_2$입니다.

우선 데이터 x_i와 y_i 모두 표본평균이 0, 표본분산이 1이 되도록 데이터를 표준화해 두겠습니다. 구체적으로는

$$x_i^* = \frac{x_i - \bar{x}}{\sigma_x}, \quad y_i^* = \frac{y_i - \bar{y}}{\sigma_y}$$

으로 두고 $\bar{x} = \frac{1}{n}\sum_{i=1}^{n} x_i$, $\bar{y} = \frac{1}{n}\sum_{i=1}^{n} y_i$, $\sigma_x^2 = \frac{1}{n}\sum_{i=1}^{n}(x_i - \bar{x})^2$, $\sigma_y^2 = \frac{1}{n}\sum_{i=1}^{n}(y_i - \bar{y})^2$ 으로 둡니다. 이후에는 표준화한 x_i^*, y_i^*를 x_i, y_i로 표기하겠습니다.

지금 각각의 그룹에 속한 데이터를 공통의 정수 a, b를 사용해서 다음과 같이 표시합니다. 제 1 그룹에 속하는 각 데이터 $(i=1, 2, \cdots, n_1)$에 대해

$$z_i = ax_i + by_i$$

로 두고 제 2 그룹에 속하는 각 데이터$(j=1, 2, \cdots, n_2)$에 대해

$$w_j = ax_j + by_j$$

라고 합니다. 그룹에 관계없이 $k=1, 2, \cdots, n_1, n_1+1, n_1+2, \cdots, n_1+n_2$에

$$t_k = ax_k + by_k$$

을 도입하면

$$\begin{cases} t_k = z_k & \text{제 1 그룹에 속할 때}(k=1, 2, \cdots n_1) \\ t_k = w_k & \text{제 2 그룹에 속할 때}(k=n_1+1, n_1+2, \cdots n_1+n_2) \end{cases}$$

라고 할 수 있습니다. 여기서 도입한 t_k의 이미지를 그림 3.8로 표시했습니다. xy 평면상에 표시된 데이터 (x_k, y_k)에 대해서 제 1 그룹에 속하는 데이터를 ▲, 제 2 그룹에 속하는 데이터를 ○라고 하겠습니다. 여기서 t_k

는 기울기 $-b/a$로 점 (x_k, y_k)을 관통하는 직선 y의 절편입니다.

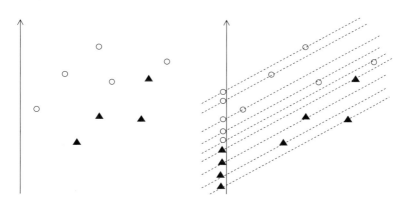

그림 3.8 선형 판별 함수 t_k의 이미지

 a, b가 잘 정해지면 어떤 데이터가 어느 쪽 그룹에 속하는지는 t_k의 크기로 판별할 수 있습니다. t_k를 전달하는 선형 함수는 선형 판별 함수라고 부릅니다. 선형 판별 함수 t_k를 잘 정한다는 것은 기울기를 결정하는 a, b를 구하는 것이고 앞 절에서 잘 분류할 수 있는 직선의 기울기를 구하는 것과 일치합니다.

 그렇다면 이제 실제로 선형 판별 함수를 계산해 봅니다. 지금까지의 설명에 따라 일반화하면 선형 판별 함수의 계산 지침은 z_i의 그룹과 w_i의 그룹 각각의 중심이 그룹을 고려하지 않은 t_k의 중심을 기준으로 가능한 멀어지도록 a, b를 정하는 것에 있습니다. 다만 a, b를 잘 움직이면 z_i와 w_i의 중심은 얼마든지 멀어져 버릴 수 있기 때문에 그룹을 고려하지 않은 t_k의 분산을 가능한 작게 한다는 조건을 설정합니다.

지금 x_k, y_k 모두 표준화되어 있기 때문에

$$\bar{t} = \frac{1}{n}\sum_{k=1}^{n} t_k = \frac{1}{n}\sum_{k=1}^{n}(ax_k + by_k) = 0$$

라고 계산할 수 있습니다. 따라서 t_k의 표본분산 σ_t^2은 다음과 같이 계산할 수 있습니다.

$$\sigma_t^2 = \frac{1}{n}\sum_{k=1}^{n}(t_k - \bar{t})^2 = \frac{1}{n}\sum_{k=1}^{n}t_k^2 = \frac{1}{n}\sum_{k=1}^{n}(ax_k + by_k)^2$$

$$= a^2\frac{1}{n}\sum_{k=1}^{n}x_k^2 + 2ab\frac{1}{n}\sum_{k=1}^{n}x_k y_k + b^2\frac{1}{n}\sum_{k=1}^{n}y_k^2$$

$$= a^2 + 2ab\rho + b^2$$

이것은 x_k, y_k 모두 표준화되어 있기 때문에

$$\frac{1}{n}\sum_{k=1}^{n}x_k = \frac{1}{n}\sum_{k=1}^{n}y_k = 0, \quad \frac{1}{n}\sum_{k=1}^{n}x_k^2 = \frac{1}{n}\sum_{k=1}^{n}y_k^2 = 1$$

이 되어 상관계수가 $\rho = \frac{1}{n}\sum_{k=1}^{n}x_k y_k$ 라고 계산할 수 있습니다.

이번은 각 그룹의 표본평균을 구해 데이터 전체의 표본평균인 $\bar{t}$에서 어느 정도 떨어져 있는지를 생각해 봅니다. 우선 각 그룹의 중심을 다음과 같이 정의하겠습니다.

$$\text{제 1 그룹의 중심} = \bar{z} = \frac{1}{n_1}\sum_{i=1}^{n_1}z_i = \frac{1}{n_1}\sum_{i=1}^{n_1}(ax_i + by_i) = a\bar{x}_1 + b\bar{y}_1$$

$$\text{제 2 그룹의 중심} = \bar{w} = \frac{1}{n_2}\sum_{j=1}^{n_2}w_j = \frac{1}{n_2}\sum_{j=1}^{n_2}(ax_j + by_j) = a\bar{x}_2 + b\bar{y}_2$$

이 $\bar{z}$와 $\bar{w}$을 이용하면

$$\bar{t} = \frac{1}{n}\sum_{k=1}^{n}(ax_k + by_k) = \frac{1}{n}\left\{\sum_{k=1}^{n_1}(ax_k + by_k) + \sum_{k=n_1+1}^{n_1+n_2}(ax_k + by_k)\right\}$$

$$= \frac{1}{n}(n_1\bar{z} + n_2\bar{w})$$

라고 계산할 수 있습니다.

또 그룹간 중심의 차이에 대해서 x 방향과 y 방향을 각각

$$d_x = \bar{x}_1 - \bar{x}_2$$
$$d_y = \bar{y}_1 - \bar{y}_2$$

라고 설정합니다.

다음 각 그룹의 대표값인 중심의 값 $\bar{z}$와 $\bar{w}$의 각각 전체의 중심 $\bar{t}$에서 어느 정도 떨어져 있는지를 생각합니다. 이런 사고방식을 외분산이라고 합니다. 외분산 σ_G^2은 다음과 같이 계산할 수 있습니다.

$$
\begin{aligned}
\sigma_G^2 &= \frac{n_1}{n}\left(\bar{z} - \bar{t}\right)^2 + \frac{n_2}{n}\left(\bar{w} - \bar{t}\right)^2 \\
&= \frac{n_1}{n}\left(\bar{z} - \frac{n_1\bar{z} + n_2\bar{w}}{n}\right)^2 + \frac{n_2}{n}\left(\bar{w} - \frac{n_1\bar{z} + n_2\bar{w}}{n}\right)^2 \\
&= \frac{n_1}{n}\left(\frac{n_2\bar{z} - n_2\bar{w}}{n}\right)^2 + \frac{n_2}{n}\left(\frac{-n_1\bar{z} + n_1\bar{w}}{n}\right)^2 \\
&= \frac{n_1 n_2^2}{n^3}\left(\bar{z} - \bar{w}\right)^2 + \frac{n_1^2 n_2}{n^3}\left(\bar{z} - \bar{w}\right)^2 \\
&= \frac{n_1 n_2(n_1 + n_2)}{n^3}\left\{\left(a\bar{x}_1 + b\bar{y}_1\right) - \left(a\bar{x}_2 + b\bar{y}_2\right)\right\}^2 \\
&= \frac{n_1 n_2(n)}{n^3}\left\{\left(a\bar{x}_1 - a\bar{x}_2\right) + \left(b\bar{y}_1 - b\bar{y}_2\right)\right\}^2 \\
&= \frac{n_1 n_2}{n^2}\left(ad_x - bd_y\right)^2
\end{aligned}
$$

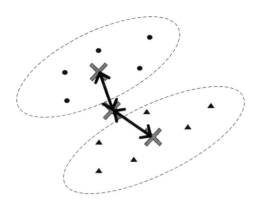

그림 3.9 외분산 이미지

2개 그룹을 잘 분류하기 위해서 각 그룹들의 중심간의 거리를 크게 한다는 사고방식은 문제가 없지만, 양자의 거리를 최대로 하는 선형 판별 함수 $t_k = ax_k + by_k$의 a와 b를 구하는 방법에서는 양자를 크게 정수배 할수록 양자의 거리가 커지는 것처럼 보입니다. 그래서 외분산 σ_G^2과 데이터 전체의 표본분산 σ_t^2의 비를 크게 하는 a와 b를 구합니다. 즉,

$$\frac{\sigma_G^2}{\sigma_t^2} = \frac{n_1 n_2}{n^2} \frac{\left(ad_x - bd_y\right)^2}{a^2 + 2ab\rho + b^2}$$

을 최대로 하는 a와 b를 구해야 합니다. 이렇게 비를 최대화하는 것을 고려하고, 정수배에 의한 문제의 회피는 물론 전체의 분산을 가능한 작게 하면서 외분산을 크게 한다는 선형 판별 함수의 계산 지침을 충족할 수 있습니다.

다만, 판별 분석에서는 각각의 그룹의 대표값을 사용해서 분류 문제를 풀기 때문에 그룹 안에 그룹의 중심(표본평균)을 크게 벗어나게 하는 이상값이 존재하는 경우에는 잘 분류할 수 없는 경우가 있기 때문에 주의해야 합니다.

3.1.3 R을 이용한 선형 판별 분석

R에서 실제로 데이터를 이용해서 선형 판별 분석을 통한 분류를 해 보도록 하겠습니다.

R에서 선형 판별 분석을 실행하는 lda 함수를 사용하기 위해서는 패키지 MASS가 필요합니다. 우선 library 함수로 패키지를 읽어 들입니다.

```
>library(MASS)
```

lda 함수는 앞에서 이용했던 선형 회귀 분석을 실행하는 lm 함수와 마찬가지로 인수 data에 객체 Data를 전달하면, 객체 Data에 보관되어 있는 객체를 이름으로 지정할 수 있게 됩니다. 여기서는 레이블로서 Status를 이용하고 레이블 이외의 모든 데이터 벡터를 학습 데이터로 하기 때문에 모델식은 ~의 오른편에 .(마침표)를 입력합니다.

그렇다면 선형 판별 분석의 결과를 result.lda에 대입해서 분석 결과를 확인해 봅니다.

```
> result.lda=lda(Status~.,data=Data)
> result.lda
Call:
lda(Status ~ ., data = Data)

Prior probabilities of groups:
        0         1
0.2643678 0.7356322

Group means:
    안전성      유동성
0 0.7570454 0.1441246
1 0.4323989 0.1179445

Coefficients of linear discriminants:
            LD1
```

```
안전성 -7.667745
유동성 -6.770989
```

Prior probabilities of groups은 레이블이 각각의 그룹에 속해있는 비율을 나타내고 있습니다. 이번에는 신용도가 없는 기업(그룹 0)이 23개, 신용도가 있는 기업(그룹 1) 64개를 합쳐서 87개의 기업을 대상으로 하고 있습니다. 그렇기 때문에 그룹 0의 비율은 $\frac{23}{87}=0.2643678$이고 그룹 1의 비율은 $\frac{64}{87}=0.7356322$입니다. 특히 경계를 긋는 방식을 지정하지 않은 경우, lda 함수를 이용한 선형 판별 분석에서는 그 레이블이 각각의 그룹에 속해있는 비율을 이용해서 분류의 경계를 긋습니다. 또 분류를 가능하게 하는 직선의 방향은 LD1에 벡터형식으로 표시합니다. 이번은 방향 벡터로서 (-7.667745, -6.770989)이고 직선 $y=ax+b$의 형태라면 기울기는 -6.770989/-7.667745 ≒ 0.883이 됩니다.

이번 선형 판별 분석의 결과를 이용한 예측값을 얻기 위해 predict 함수를 이용합니다. 선형 판별 분석의 결과를 보관한 객체에 predict 함수를 적용하면 **R**에서 구한 분류를 가능하게 하는 직선상에 사영한 값은 요소 x로, 선형 판별 분석을 통해서 예측한 분류 결과는 요소 class로 각각 얻을 수 있습니다.

우선 요소 x를 확인해 봅니다.

```
> predict(result.lda)$x
          LD1
1    1.36756519
2   -0.55934545
3    0.75189366
        :
85  -2.30923638
86  -1.08779663
87  -2.39091272
```

요소 x는 2차원 평면상의 점이 아니라 분류를 가능하게 하는 직선상의 점으로 얻을 수 있습니다. 이 값의 대소에 따라서 분류하게 됩니다.

요소 x를 객체 Data의 첫 열에 보관된 학습 데이터로 그룹화해서 상자그림을 그려봅니다. 다음과 같이 입력하면 그림 3.10을 얻을 수 있습니다.

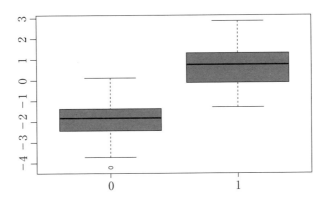

그림 3.10 선형 판별 분석에 의해 분류된 모습

```
> boxplot(split(predict(result.lda)$x,Data[,1]),col=grey(0.8))
```

그림 3.10에서 왼쪽은 레이블에서 신용도가 없다고 분류된 기업(그룹 0에 속하는 기업), 오른쪽은 신용도가 있다고 분류된 기업(그룹 1에 속하는 기업)의 상자그림이 그려져 있습니다.

이 상자그림은 앞 절에서 예로 들었던 그림 3.6과 그림 3.7의 오른쪽 그림에 해당합니다. 즉, 이번 장의 앞부분에서 보았던 그림 3.1의 점 분류를 가능하게 하는 직선에 사영해서 일렬로 나열한 값을 상자그림으로 표현한 것입니다. 이 상자그림에 어떤 수평선을 그어서 2개의 그룹으로 분류하지만 2개의 상자그림이 겹쳐 있는 부분이 있기 때문에 완전하게 2개의 그룹으로는 분류할 수 없습니다.

레이블의 비율을 바탕으로 **R**이 분류한 결과가 요소 class에 보관되어 있습니다. 요소 class의 내용을 확인해 봅니다.

```
> predict(result.lda)$class
 [1] 1 1 1 1 1 1 1 1 1 1 1 1 1 0 1 1 1 1 1 1 1 1 1 1 1 1 0 1 1 1
[30] 1 1 1 1 0 0 0 1 0 1 1 1 1 1 1 1 1 1 1 1 1 1 1 1 0 0 1 1 1 1
[59] 1 1 1 1 1 1 1 1 1 1 1 1 1 0 1 0 0 0 0 0 0 0 0 1 0 0 0 0 0 0
Levels: 0 1
```

신용도가 있는 기업을 1, 신용도가 없는 기업을 0으로 분류합니다. 이번 선형 판별 분석에서는 65개의 기업이 신용도가 있고 22개의 기업이 신용도가 없다는 결과를 얻었습니다. 이것을 레이블과 비교해서 이번 선형 판별 분석에 의한 분류 정확도를 확인해 봅니다.

```
> table(predict(result.lda)$class, Data$Status)

    0  1
 0 20  2
 1  3 62
```

레이블에는 신용도가 없는 기업(그룹 0에 속하는 점)이 23개 있습니다. 이번 선형 판별 분석을 통해 그 중의 20개 회사를 제대로 분류할 수 있었고 3개 회사를 신용도가 있는 회사로 잘못 분류했습니다. 한편 레이블에서는 신용도가 있는 기업(그룹 1에 속한 점)이 64개였고, 그 중에 62개 회사를 제대로 분류했고 2개 회사를 신용도가 없는 회사로 잘못 분류했습니다. 합계 87개의 회사 중 5개의 회사를 잘못 분류했기 때문에 오분류율은 5.75%가 됩니다.

이번 절에서는 안전성 지표와 효율성 지표라는 2개의 지표를 이용한 선형 판별 분석을 설명했습니다. 2개의 지표를 각각 x축과 y축으로 취한 xy 평면을 생각해서 각각의 기업을 xy 평면상의 점으로 본다면 선형 판별 분석은 xy 평면상에 경계를 그리는 것으로 2개의 그룹을 분류했습니다. 물론 직선에 의한 경계를 긋는 것만으로는 충분하게 분류할 수 없는 경우도 많이 있습니다. 다음 절에서는 직선으로 분류할 수 없었던 케이스에도 대응할 수 있는 서포트 벡터 머신을 다루겠습니다.

CHAPTER 3.2
서포트 벡터 머신

선형 판별 분석에서는 분류에 사용하는 경계를 하나로 한정하지 않았었지만 이번 절에서 다룰 서포트 벡터 머신은 경계를 하나로 한정할 수 있습니다. 그리고 이 경계를 정하는 방법에는 특징이 있습니다. 또 커널 변수라는 사고방식을 도입하는 것으로 단순한 직선뿐만 아니라 곡선에 의한 경계도 그릴 수 있습니다. 그럼 서포트 벡터 머신에 대해서 알아보겠습니다.

3.2.1 완전하게 분류할 수 있는 문제에 대해서

앞 절에 이어서 기업의 신용도가 있는 경우와 없는 경우, 이 2개의 그룹에 대해서 안전성 지표와 유동성 지표를 이용해서 분류 문제를 다루겠습니다. 서포트 벡터 머신에서도 2가지 지표의 값을 xy 평면상의 점으로 생각해 xy 평면상의 점을 2개의 그룹으로 분류하는 것을 목표로 하겠습니다.

우선 레이블을 z_i로 두고 신용도가 있는 기업을 1, 신용도가 없는 기업을 −1을 주기로 합니다. 즉 피설명변량 z_i는 −1이나 1의 2개의 값을 취하는 것으로 하겠습니다. 또 2개의 설명변량 중 안전성 지표를 x_i, 유동성 지표를 y_i로 합니다. 정리하자면 이번 절에 있어서 데이터는 레이블을 표시하는 z_i와 설명변수 부분의 x_i, y_i로 구성됩니다.

지금 xy 평면상의 직선을 정수 a, b, c를 이용해서

$$ax + by + c = 0$$

라고 나타냅니다. 또 어떤 기업의 안전성 지표와 유동성 지표의 값이 각각 x_i, y_i라고 하면 그 기업은 xy 평면상의 점 (x_i, y_i)에 대응합니다. 여기서 해당 기업을 가리키는 점 (x_i, y_i)와 어떤 직선 $ax + by + c = 0$을 비교해서

$$ax_i + by_i + c > 0 \Rightarrow z_i = +1$$

$$ax_i + by_i + c < 0 \Rightarrow z_i = -1$$

이 되는 상황을 가정합니다. 직선 $ax + by + c = 0$은 2개의 그룹을 분류하는 경계가 되었습니다. 이 때, 예외없이 모든 점의 분류를 하는 것이 가능한 경우는 선형 분리 가능이라고 합니다.

선형 분리 가능한 상황에는 레이블의 부호를 고려하면 모든 i에 대해서

$$z_i(ax_i + by_i + c) > 0 \tag{3.1}$$

가 성립합니다.

논의를 간단하게 하기 위해서 우선 이상적인 상황인 선형 분리 가능한 상황을 가정하겠습니다. 이 때 경계 $ax + by + c = 0$는 어떻게 구할 수 있을까요? xy 평면상의 점 (x_i, y_i)와 직선 $ax + by + c = 0$의 거리는

$$\frac{|ax_i + by_i + c|}{\sqrt{a^2 + b^2}} \tag{3.2}$$

가 되기 때문에 분류경계가 되는 직선에 가장 가까운 점과 직선의 거리를 구할 수 있습니다. 이것을 마진이라고 합니다. 이번 절에서 다루는 서포

트 벡터 머신은 이 마진을 분류의 성능을 나타내는 기준으로 채용해 마진이 최대가 되는 경계를 선택합니다.

마진은 분류 경계가 되는 직선과 학습 데이터의 거리이기 때문에 분류 경계와 가장 가까운 학습 데이터의 거리를 나타내고 있습니다. 레이블은 모든 i에 대해서 $|z_i| = 1$인 것과 (3.1)이 성립하는 것에서 구체적인 마진의 값은

$$\frac{z_i(ax_i + by_i + c)}{\sqrt{a^2 + b^2}} \tag{3.3}$$

가 최소가 되는 기업 k를 선택했을 때의 값이 됩니다. 여기서 마진을 달성하는 점 (x_k, y_k)를 서포트 벡터라고 부르겠습니다.

이 마진이라는 값은 분류 경계의 직선까지의 최소거리를 나타내고 있기 때문에 마진이 크다는 것은 분류를 위한 경계가 xy 평면상에 플롯된 모든 점에서 가장 먼 곳에 그려진 상태를 가리킵니다. 같은 분류가 달성된다면 경계의 직선이 어떻게 그려지든 분류의 결과는 변하지 않을 것입니다. 그런데 왜 마진 최대화라는 사고방식을 도입해야 할까요?

그것은 한마디로 분류 경계라고 해도 그림 3.11처럼 분류 경계는 무수히 다양하게 그릴 수 있기 때문에 경계를 1개로 확정하는 조건으로서 마진을 최대화한다는 사고방식이 도입되고 있습니다.

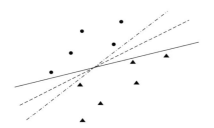

그림 3.11 같은 분류 결과를 얻게 되는 경계의 예

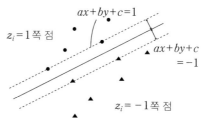

그림 3.12 최대 마진의 결정 방법

그럼 마진의 최대화는 어떻게 하는 것일까요? 이미 마진을 달성한 점인 서포터 벡터가 정해진 상태에서 생각하기 위해서 (x_k, y_k)는 고정되어 있습니다. 또 레이블은 $|z_k|=1$이기 때문에 구체적으로는 마진의 식 (3.3)을 최대로 하는 a, b, c를 구하는 것이 목표가 됩니다.

여기서 (3.3)을 최대로 하는 a, b, c를 찾는데 있어서 주의할 점이 있습니다. 그것은 a, b, c를 정수배해도 (3.3)의 값은 바뀌지 않는다는 것입니다. 예를 들면 각각 2배하면 분자는

$$z_k((2a)x_k+(2b)y_k+(2c))=2z_k(ax_k+by_k+c)$$

분모는

$$\sqrt{(2a)^2+(2b^2)}=\sqrt{4(a^2+b^2)}=2\sqrt{a^2+b^2}$$

가 되기 때문에 다음과 같이 분자분모에 공통으로 2를 약분할 수 있습니다. 즉,

$$\frac{z_k((2a)x_k+(2b)y_k+2c)}{\sqrt{(2a)^2+(2b)^2}}=\frac{2z_k(ax_k+by_k+c)}{2\sqrt{a^2+b^2}}=\frac{z_k(ax_k+by_k+c)}{\sqrt{a^2+b^2}}$$

가 되어 a, b, c를 정수배 해도 값이 변하지 않습니다.

이제 마진을 최대화하는 a, b, c를 구해야 할 때 미리 마진을 달성할 것 같은 점 (x_k, y_k), 즉 서포트 벡터에 대해서 $z_k(ax_k+by_k+c)=1$이 되도록 a, b, c를 정수배해서 조정해 두겠습니다.

지금 조정한 a, b, c에 대해서 마진을 달성할 점인 서포트 벡터 (x_k, y_k)에서는

$$z_k(ax_k+by_k+c)=1 \tag{3.4}$$

이 성립하고 있습니다. 더욱이 이렇게 선택한 a, b, c에서 최단거리를 달성하는 점에서의 값이 1이기 때문에 그 외를 포함한 모든 점에서는

$$z_i(ax_i + by_i + c) \geqq 1 \tag{3.5}$$

이 성립합니다. 등호가 성립하는 점은 분류경계의 직선에 가장 가까운 점, 즉 최단거리를 달성하는 점인 서포트 벡터뿐입니다.

분류의 경계를 경계로 해서 $z_i=1$과 $z_i=-1$ 각각의 그룹이 속한 영역을 생각하면 이번에 도입한 마진을 최대화하는 경계는 그림 3.12의 실선과 같이 중간의 선으로 정해집니다. 여기서 각각의 그룹의 경계를 선으로 정한 직선 $ax+by+c=\pm1$ 위에 올라가 있는 점은 서포터 벡터인 것에 주의하시기 바랍니다.

지금까지의 내용을 바탕으로 마진을 최대화하는 문제는 다음과 같이 생각할 수 있습니다.

$\dfrac{z_i(ax_i + by_i + c)}{\sqrt{a^2 + b^2}}$ 의 최소값을 최대로 하는 a, b, c를 선택한다.

$\Rightarrow \dfrac{1}{\sqrt{a^2 + b^2}}$ 을 최대로 하는 a, b, c를 선택한다.

$\Rightarrow a^2+b^2$ 를 최소로 하는 a, b, c를 선택한다.

2행과 3행에 c는 등장하지 않지만, 마진을 논의할 때에 (3.4)와 (3.5)를 이용하고 있기 때문에 제약조건으로서 c를 고려할 필요가 있습니다. 2행에서 3행으로 이동할 때 $\sqrt{a^2 + b^2}$ 이 양수이기 때문에 역수를 취하는 것이고 분수의 분모를 크게 하는 것은 그 역수를 작게 하는 것과 같기 때문에 분모를 제곱해서 역수를 고려하고 있습니다.

이상에 의해서 마진을 최대화 하는 문제는 2차 함수의 최소 문제가 됩니다. 계산을 간단히 하기 위해서 계수 1/2을 곱하면 제약조건 $z_i(ax_i +$

$by_i+c) \geqq 1$ 아래서 $\frac{1}{2}(a^2 + b^2)^2$을 최소로 하는 a, b, c를 생각하는 것과 같습니다.

마진을 최대화 하도록 정해진 경계는 서포트 벡터에만 의존해서 정해진다는 점에 주의해야 합니다. 즉, 그림 3.13의 점선으로 둘러싸인 부분의 점 즉 $|ax+by+c|>1$에 있는 점은, 경계의 결정에 아무런 관여를 하고 있지 않습니다. 선형 판별 분석은 엄밀하게 말하면 데이터 전체로서의 점의 변동 크기나 각 그룹의 변동 크기에 주목하고 있지만, 서포트 벡터 머신은 학습 데이터 전체에 주목을 하는 것이 아니라 서포트 벡터만으로 분류 경계가 정해지는 점이 큰 특징입니다.

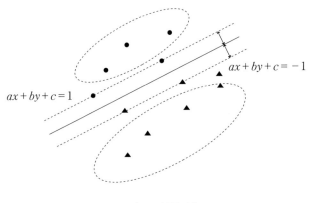

그림 3.13 분류경계

3.2.2 선형 분리가 불가능한 문제에 대해서

여기까지 논의에서는 모든 데이터가 선형 분리 가능하다라는 전제를 두었었습니다. 하지만 실제의 데이터 분석에서는 이 전제가 성립하는 경우는 거의 없습니다. 그래서 다음으로 선형 분리를 할 수 없는 경우의 분류 방법에 대해서 생각해 보겠습니다.

우선 바르게 분류되어 있는지 그렇지 않은지를 나타내는 변수 ξ_i를 도입합니다. ξ_i는 슬랙 변수라고 부르고 슬랙 변수는 $\xi_i \geq 0$로서 각 데이터에 대해서 (이번의 분류 문제에서는 각 기업에 대해서) 정의된 변수입니다.

데이터가 바르게 분류되어 있는 경우(서포트 벡터이거나 바깥 쪽에 있는 경우)는 $\xi_i = 0$로 하고 바르게 분류되어 있지 않은 경우(서포트 벡터보다도 경계의 안쪽에 있는 경우)는 $\xi_i = |z_i - (ax_i + by_i + c)|$라고 하겠습니다.

예를 들면 딱 분류 경계상에 있는 점 즉, $ax_i + by_i + c = 0$이 되어 있는 점은 바르게 분류되어 있지 않습니다. 이 경우 슬랙 변수는 $\xi_i = |z_i| = 1$이 되고 서포트 벡터 보다도 안쪽에 있는 점의 경우에는 $\xi_i < 1$이 됩니다.

이렇게 정의한 슬랙 변수를 모든 데이터에 더하는 것으로 잘못 분류한 경우의 페널티를 줍니다. 이제 페널티에 어느 정도 무게를 둘지를 정하는 계수 C를 추가해서 데이터 수를 n으로 한 경우에 다음처럼 제약 조건이 있는 최소화 문제를 생각하겠습니다.

$$\frac{1}{2}(a^2 + b^2) + C\sum_{i=1}^{n} \xi_i$$

제 1 항은 선형 분리 가능한 상태로 마진을 최대화 할 때를 생각한 식과 같지만 오분류된 데이터가 포함되어 있기 때문에 엄밀하게는 (3.5)가 붕괴되고 있습니다. 그래서 추가한 슬랙 변수를 이용해서 오분류된 데이터의 페널티 항을 추가합니다. 그 페널티 항인 제 2 항목은 슬랙 변수의 합에 정수 C를 곱하는 것으로 잘못 분류된 데이터에 관한 페널티의 가중치를 조절하고 있습니다.

3.2.3 커널 함수의 이용

여기까지 확인한 것처럼 서포트 벡터 머신에서도 평면상의 점을 직선으로 구별하는 것과 같은 사고방식을 이용한 분류를 실행하고 있습니다. 하지만 앞 절에서도 언급한 것처럼 직선에서는 2개의 그룹으로 완전하게 분류할 수 없는 경우도 있습니다.

xy 평면상에서는 2개의 그룹으로 분류가 어려운 경우에는 x축과 y축에 어떤 변환을 추가해서 평면을 비틀어서 분류에 성공하는 경우가 있습니다. 즉 R^2상의 직선으로 분류하는 것이 아니라 $\mathbf{R}$상의 초평면 $a\phi_1(\boldsymbol{x})+b\phi_2(\boldsymbol{y})+c=0$을 생각해서 그 초평면의 어느 쪽에 속해 있는지로 그룹을 판단하는 것입니다. 여기서 ϕ_1, ϕ_2은 각각의 축을 변환하는 함수와 같은 것이라고 생각해야 합니다. 이제까지 설명해 온 이른바 보통의 평면상에 경계를 그어서 분류하는 방법은 선형 커널 방법이라고 불립니다. 선형 커널 방법에서는 설명변량에 대해서 어떤 변경을 더하지 않기 때문에 항등 사상 $\phi_1(\boldsymbol{x})=\boldsymbol{x}$, $\phi_2(\boldsymbol{y})=\boldsymbol{y}$를 이용하고 있는 것과 같습니다.

이 책에서는 자세하게 설명하지 않지만 선형 커널 방법의 학습 알고리즘에서 2개의 데이터 x, y는 반드시 $\boldsymbol{x}^T\boldsymbol{y}$라는 내적의 형태로만 나타납니다. 이 내적은 함수 K를 이용해서 $K(\boldsymbol{x},\ \boldsymbol{y})=\boldsymbol{x}^T\boldsymbol{y}$로 표현된 커널 함수라고 불립니다. 선형 커널 방법에는 평면의 축은 그대로이지만 공간을 비튼다는 것은 축이 변한다는 것이 되기 때문에 내적 $\boldsymbol{x}^T\boldsymbol{y}$의 부분은 $\phi_1(\boldsymbol{x})^T\phi_2(\boldsymbol{y})$로 변합니다. 여기서 $\phi_i(\boldsymbol{z})=(\phi_i(z_1),\ \phi_i(z_2),\cdots)^T$입니다. 이 변형은 바로 커널 함수를 대체하는 것을 의미하고 있습니다. 서포트 벡터 머신은 이 커널 함수를 적당하게 대체하는 것으로 초평면에 의한 분류를 실현하고 있습니다.

여기서는 서포트 벡터 머신에서 자주 이용되는 가우시안 커널을 간단하게 소개하겠습니다. 가우시안 커널의 커널 함수 $K(x,\ y)$는 다음과 같습니다.

$$K(\boldsymbol{x}, \boldsymbol{y}) = \exp\left(- \frac{\|\boldsymbol{x} - \boldsymbol{y}\|^2}{2\sigma^2} \right) \qquad (3.6)$$

가우시안 커널은 정규분포의 밀도함수와 비슷한 형태를 하고 있어 평면의 일부를 산처럼 솟아오르거나 계곡처럼 푹 들어가게 하거나 뒤틀림을 가지도록 변형시킵니다. 그림 3.14와 그림 3.15는 각각 가우시안 커널에 의한 분류의 이미지입니다.

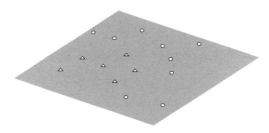

그림 3.14 평면상의 이진 분류 문제를 ○과 ▲는 각각의 그룹에 속한 점을 나타낸다.

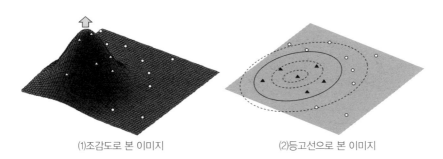

(1)조감도로 본 이미지   (2)등고선으로 본 이미지

그림 3.15 커널 변환을 이용해서 분류한 이미지. (1)은 입체적인 이미지(조감도)이고 (2)는 같은 상황을 위에서 내려본 것을 등고선으로 표현하고 있다.

서포트 벡터 머신에서는 선형 커널 방법, 가우시안 커널 방법뿐만 아니라 다양한 커널 함수가 도입되어 있고 실제의 데이터 분석에서 사용되고 있습니다. 커널 방법을 사용하는 것으로 선형 커널 방법에서는 잘 분류할수 없었던 문제를 더 잘 분류할 수 있는 경우가 있습니다. 하지만 커널을 복잡하게 한다고 해서 반드시 분류 정확도의 향상을 보장하는 것은 아니고 직관성도 떨어지기 때문에 분류 결과가 해석하기 어려워 질 가능성에 대해 주의해야 합니다.

3.2.4 R을 이용한 서포트 벡터 머신

그렇다면 R에서 서포트 벡터 머신에 의한 분류를 확인해 봅니다. 우선 서포트 벡터 머신을 이용하기 위한 패키지 kernlab과 mlbench를 읽어들입니다. 이 2개의 패키지는 표준에 인스톨되어 있지 않습니다. R 메뉴바의 '패키지들'에서 '패키지들 불러오기'를 선택하고 R의 지시에 따라서 인스톨합니다. 인스톨이 끝나면 아래의 커맨드를 입력합니다.

```
> library(kernlab)
> library(mlbench)
```

서포트 벡터 머신을 실행하는 함수는 ksvm으로 이용 방법은 다음과 같습니다.

```
ksvm(x,y,type="C-svc",kernel="vanilladot",C=1)
```

인수 x에는 설명변량(학습 데이터)을 매트릭스 형식으로 지정하고, 인수 y에 레이블을 지정합니다. 이번 절에서 언급하고 있는 분류 문제 특히 3.2.2절에서 언급한 슬랙 변수와 패널티 C를 도입한 형식의 분류 문제를 풀게 할 경우는 인수 type에 "C-svc"를 지정합니다.

커널 함수의 지정은 인수 kernel에서 지정하고, 선형 커널을 지정하는 경우는 "vanilladot", 가우시안 커널을 지정하는 경우는 "rbfdot"을 각각 지정합니다. 기본설정에서는 가우시안 커널이 지정되어 있습니다. 바르게 분류되고 있는지를 가리키는 슬랙 변수의 합에 대한 가중치를 가리키는 패널티의 계수를 지정하는 인수는 C이고 기본설정의 값은 1입니다.

그렇다면 실제로 데이터 분석을 해 봅니다. 우선 설명변량을 전달하는 객체 x의 자료형을 매트릭스로 하고 레이블을 전달하는 객체 Y의 자료형을 팩터로 해 두겠습니다. 객체의 자료형을 변경하려면 [as. 자료형 이름]이라는 명령을 이용합니다. 즉 어떤 객체의 형태를 팩터로 하고 싶은 경우에는 as.factor를 매트릭스로 하고 싶은 경우에는 as.matrix를 사용합니다.

객체 Data의 1열에서 즉 Status를 팩터형으로 변환하고 그 이외의 부분 안전성 지표와 유동성 지표 2개의 데이터를 매트릭스로 변환하려면 다음과 같이 입력합니다.

```
> Y=as.factor(Data[,1])
> X=as.matrix(Data[,-1])
```

객체 Y에 팩터가 된 신용도의 상황, 객체 X에는 안전성 지표와 유동성 지표 2개의 데이터가 매트릭스로 보관되어 있습니다. 그리고 Data[, -1]은 1열을 제거하라는 명령이기 때문에 주의해야 합니다.

선형 커널을 이용한 서포트 벡터 머신 분석 결과를 객체 result.svm에 보관합니다. 분석 결과는 다음과 같습니다.

```
> result.svm=ksvm(x=X,y=Y,type="C-svc",kernel="vanilladot")
 Setting default kernel parameters
> result.svm
Support Vector Machine object of class "ksvm"

SV type: C-svc  (classification)
 parameter : cost C = 1

Linear (vanilla) kernel function.
```

```
Number of Support Vectors : 22

Objective Function Value : -18.383
Training error : 0.068966
```

분류 경계를 설정하는 서포트 벡터의 수는 Number of Support Vectors 에 기록되어 있고 이번은 22개의 서포트 벡터로 구성되어 있는 분류경계 가 생겼습니다. 이 분석에 의한 예측값은 결과를 보관한 객체 result.svm 에 predict 함수를 적용하는 것으로 얻을 수 있습니다.

```
> predict(result.svm)
 [1] 1 1 1 1 1 1 1 1 1 1 1 1 0 1 1 1 1 1 1 1 1 1 1 1 0 1 1 1 1 1 1
[33] 1 0 0 0 1 0 1 1 1 1 1 1 1 1 1 1 1 1 1 0 0 1 1 1 1 1 1 1 1 1 1
[65] 1 1 1 1 1 1 1 0 1 0 0 0 0 0 0 0 0 1 0 0 0 1 0
Levels: 0 1
```

예측값은 그룹 0과 그룹 1의 어느 쪽에 속하는지를 나타내는 값으로 얻 을 수 있습니다. 이제 레이블인 Y와 비교해 봅니다.

```
> table(predict(result.svm),Y)
   Y
     0  1
  0 19  2
  1  4 62
```

레이블에서는 신용도가 불충분하다고 분류된 기업 수 23개 중에서 신 용도가 충분하다고 잘못 판단된 기업이 4개, 신용도가 충분하다고 판단된 기업 64개 중에서 신용도가 불충분하다고 잘못 판단된 기업이 2개, 총 6 개 기업이 잘못 분류되었기 때문에 오분류율은 6.90%가 됩니다.

이어서 선형 커널이 아닌 가우시안 커널을 이용한 서포트 벡터 머신을 실행해 봅니다.

인수 kernel에 "rbfdot"을 지정한 경우의 결과는 다음과 같습니다.

```
> result.svm=ksvm(x=X,y=Y,type="C-svc",kernel="rbfdot")
> result.svm
Support Vector Machine object of class "ksvm"

SV type: C-svc  (classification)
 parameter : cost C = 1

Gaussian Radial Basis kernel function.
 Hyperparameter : sigma =  1.40673012383377

Number of Support Vectors : 35

Objective Function Value : -19.2857
Training error : 0.045977
```

이번엔 35개의 서포트 벡터에 의해서 분류를 할 수 있었습니다. 가우시안 커널을 이용한 경우의 예측값과 레이블을 비교해 봅니다.

```
> table(predict(result.svm),Y)
   Y
    0  1
  0 20  1
  1  3 63
```

레이블에서는 신용도가 불충분하다고 판단된 기업 수 23개 중에서 신용도가 충분하다고 잘못 판단된 기업 수가 3개, 신용도가 충분하다고 판단된 기업 수 64개 중에서 신용도가 불충분하다라고 잘못 판단된 기업수가 1개, 각각 잘못 판단한 기업 수가 1개씩 줄어져 있습니다. 그렇지만 4개 기업은 판단을 실패했기 때문에 오분류율은 4.60%로 분류 정확도가 향상되었습니다.

이번 데이터에 선형 커널, 가우시안 커널을 이용한 서포트 벡터 머신을 적용한 경우, 각각 서포트 벡터의 수가 다르고 분류 결과도 선형 커널에서 분류를 잘못한 기업 수가 6개, 가우시안 커널에서는 4개가 되어 가우시안 커널을 이용한 쪽이 보다 높은 정확도로 분류할 수 있었습니다. 다만 패널티의 가중치 C를 변경시키면 분류 결과는 바뀝니다. 각자 직접 변경해 보시기 바랍니다.

이번 장에서 설명한 2개의 분류 방법, 선형 판별 분석과 서포트 벡터 머신은 평면상에 표시한 종목들에 경계를 긋도록 하고 그룹화하는 것이었습니다. 그렇기 때문에 대상이 되는 그룹이 늘어난 경우에도 쉽게 확장 가능하게 되어 있습니다. 실제 R에서 사용할 수 있는 선형 판별 분석을 실행하는 dal 함수, 서포트 벡터 머신을 실행하는 ksvm 함수는 레이블이 3개 그룹 이상인 경우에도 사용할 수 있습니다.

확률에 의한
분류

지난 3장에서는 두 변량에 의한 분류 문제를 xy 평면상에 표시된 점이 어떤 경계에 의해서 2개의 그룹으로 분류되는 일종의 공간적인 분류 방법으로 해결했었습니다. 이번 장에서는 점이 어느 쪽 그룹에 속하는지를 확률값을 통해서 계량적으로 판단하는 방법을 다룹니다. 구체적으로는 모든 기업에 대해 '기업은 신용도 있다'라는 확률을 계산하고 확률의 높고 낮음을 이용하여 신용도의 유무를 판단합니다. 물론 피설명변량은 확률이 되기 때문에 피설명변량이 취할 수 있는 값은 0에서 1 사이로 한정됩니다. 따라서 2장에서 언급했던 것처럼 단순한 선형 회귀 모델로는 정확하게 설명할 수 없습니다.

이 책에서는 일반화 선형 모델을 사용해서 이 피설명변량의 정의역 문제를 해결하겠습니다. 다만 일반화 선형 모델만으로도 한 권의 책을 쓸 수 있을 정도로 양이 많기 때문에 이 책에서는 이진 분류에 자주 사용되는 로지스틱 회귀 모델만을 다루겠습니다.

또한, 일반화 선형 모델은 선형 회귀 모델의 확장이기 때문에 서포트 벡터 머신 등의 머신러닝 방법과 비교하면 어떤 설명변량이 모델 전체의 설명력 향상에 기여하고 있는지 모델을 진단하기 쉽다는 특징이 있습니다.

CHAPTER 4.1
로지스틱 회귀 모델

선형 회귀 모델에서는 지금 살펴보고 있는 이진 분류의 문제를 제대로 풀기 어렵습니다. 그 이유는 피설명변량이 0과 1, 2개의 값만 취하기 때문에 피설명변량과 설명변량 간의 관계를 직선으로 설명하는 것이 어렵기 때문입니다. 그럼 어떻게 하면 좋을까요?

우선 레이블 y_i를 0과 1이라는 2개의 값만 취하는 형식이 아니라 연속된 값으로 변환합니다. 그렇지만 2개의 그룹을 분류한다는 전제는 반드시 지켜야 합니다. 그래서 어떤 기업의 신용도가 충분하다고 판단될 확률(그룹 1이 될 확률)을 피설명변량으로 설정하면 피설명변량은 0과 1, 2개의 값이 아니라 연속적으로 변화하는(그래프에서 그리면 선으로 이어지는) 형태가 됩니다.

지금 선형 회귀 모델의 y_i를 미지의 확률을 π로 바꾸면 다음 수식처럼

$$\pi_i = \beta_0 + \beta_1 x_{i1} + \beta_2 x_{i2}$$

표현할 수 있습니다. 이 변환에 의해서 피설명변량은 0과 1만 취하는 이산값은 아니지만 여전히 하한값이 0, 상한값이 1 사이의 값만 취할 수 있다는 제한이 있습니다. 또 선형 회귀 모델은 직선 방정식이기 때문에 피설명변량의 정의역이 $-\infty$에서 ∞ 사이입니다. 만약 선형 회귀 모델처럼 취급하고 싶다면 조금 더 고민이 필요합니다.

더 깊이 생각해봐야 할 지점은 확률의 사고방식을 도입해서 연결한 값으로 변환한 피설명변량이 취할 수 있는 값의 제한을 푸는 것입니다. 그래서 이 모델식에 로그 오즈비를 도입합니다. 로그 오즈비란 0에서 1까지로 한정된 값을 취하는 확률값의 제한범위를 확장하는 변환을 말하는 것으로 다음 식으로 나타낼 수 있습니다.

로그 오즈비

어떤 사실이나 현상이 일어날 확률 p를 이용하여, $\log \dfrac{p}{1-p}$로 정의한다.

확률은 [0, 1]로 정의되어 있기 때문에 로그 오즈비가 취할 수 있는 값은 $(-\infty, \infty)$입니다.[1]

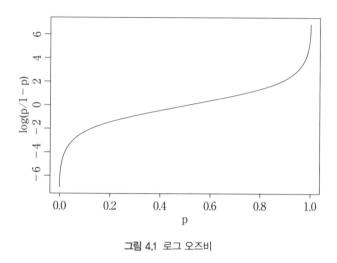

그림 4.1 로그 오즈비

변환 이미지는 그림 4.1로 나타냈습니다.

가로축은 확률값 p이며 p가 0에 가까워질수록 로그 오즈비의 값은 점점 작아져서 결국 $-\infty$에 가까워집니다. 한편 p가 1에 가까워질수록 로그 오즈비의 값은 커지면서 ∞에 가까워집니다. 또 p=0.5일 때 (확률값이 50%일 때) 로그 오즈비의 값은 0이 됩니다. 즉, 확률값이 50%를 넘을 때 로그 오즈비는 양수 값을 취하고 확률 값이 50%를 밑도는 경우에 로그 오즈비는 음수 값을 취합니다.

이것으로 2개의 값밖에 취하지 않았던 피설명변량을 상한, 하한 값이 없는 연속값의 변량으로 변환할 수 있습니다. 그렇다면 로그 오즈비에 따라 변환한 피설명변량을 설명하는 선형 회귀 모델을 써봅니다.

....

1 엄밀히 말하면 $\lim_{p \to +0} \log \frac{p}{1-p} = -\infty$, $\lim_{p \to 1-0} \log \frac{p}{1-p} = \infty$ 입니다.

$$\log \frac{\pi_i}{1 - \pi_i} = \beta_0 + \beta_1 x_{i1} + \beta_2 x_{i2} \qquad (4.1)$$

이렇게 레이블을 그대로 다루는 것이 아니라, 특정 그룹에 속하는 확률이라고 조정해서 이를 로그 오즈비로 변환하는 것을 피설명변량으로 다시 정의하면, 선형 회귀 모델과 같은 사고방식으로 이진 분류 문제를 다룰 수 있습니다. 이 로그 오즈비는 확률값에 대한 변환 방법인데 일반적으로 다음과 같은 함수 변환

$$f(y) = \log \frac{y}{1 - y}$$

을 로지트 변환이라고 하기 때문에 (4.1)을 로지트 회귀 모델이라고 부릅니다. 이번 절의 명칭은 로지트 회귀 모델이 아니라 로지스틱 회귀 모델로 되어 있는데 그 이유는 (4.1)에 대해 조금 더 설명을 하겠습니다.

로지트 회귀 모델에서는 피설명변량에 로지트 변환을 적용하고 있습니다. 즉, (4.1)의 좌변에 로지트 변환을 적용하고 있지만, 실제로는 좌변에 로지트 변환을 적용한 수식보다 우변에 어떤 함수 변환을 적용한 경우에 파라미터를 추정하기 쉽다고 알려져 있습니다. 또한 2장에서도 보았던 것처럼 통계 모델은 통상

$$Y = f(X_1, X_2) + \varepsilon$$

이라는 표준형 아래서 논의가 이루어지기 때문에 함수 변환은 좌변이 아니라 우변에 적용되는 것이 일반적입니다.

그렇다면 (4.1)에서 나타냈던 좌변의 로지트 변환을 우변으로 이동시켜봅니다. 우선 로지트 변환의 역함수를 생각해 봅니다.

지금 $x = f(y) = \log \dfrac{y}{1 - y}$ 로 해두면

$$x = \log \frac{y}{1-y} \Leftrightarrow e^x = \frac{y}{1-y} \Leftrightarrow (1-y)e^x = y \Leftrightarrow (1-y) = ye^{-x}$$

$$\Leftrightarrow 1 = y(1 + e^{-x}) \Leftrightarrow y = \frac{1}{1 + e^{-x}}$$

가 되어 $y = f^{-1}(x) = \dfrac{1}{1 + e^{-x}}$ 라고 계산할 수 있습니다. 여기서 $f^{-1}(x) = \dfrac{1}{1 + \exp(-x)}$ 는 로지스틱 변환[2]이라고 불립니다. 로지트 변환과 로지스틱 변환의 관계를 이용해서 로지트 회귀 모델을 수정해 봅니다.

$$\log \frac{\pi_i}{1-\pi_i} = \beta_0 + \beta_1 x_{i1} + \beta_2 x_{i2} \Leftrightarrow \frac{\pi_i}{1-\pi_i} = \exp\{\beta_0 + \beta_1 x_{i1} + \beta_2 x_{i2}\}$$

$$\Leftrightarrow \pi_i = (1 - \pi_i)\exp\{\beta_0 + \beta_1 x_{i1} + \beta_2 x_{i2}\}$$

$$\Leftrightarrow \pi_i \exp\{-(\beta_0 + \beta_1 x_{i1} + \beta_2 x_{i2})\} = 1 - \pi_i$$

$$\Leftrightarrow \pi_i \left[1 + \exp\{-(\beta_0 + \beta_1 x_{i1} + \beta_2 x_{i2})\}\right] = 1$$

$$\Leftrightarrow \pi_i = \frac{1}{1 + \exp\{-(\beta_0 + \beta_1 x_{i1} + \beta_2 x_{i2})\}}$$

이것으로 표준적인 통계 모델의 표현과 일치하게 되었습니다.

또한, 피설명변량에 로지트 변환을 한 로지트 회귀 모델 (4.1)에서 오른쪽의 선형 모델의 부분에 로지스틱 변환을 한 모델

$$\pi_i = \frac{1}{1 + \exp\{-(\beta_0 + \beta_1 x_{i1} + \beta_2 x_{i2})\}} \tag{4.2}$$

을 로지스틱 회귀 모델이라고 합니다.

이제 이진 분류 문제를 선형 회귀 모델처럼 다룰 준비가 되었습니다. 이번 절에서 어떤 변환을 했는지 요점을 정리하면

....

2 $\dfrac{1}{1 + \exp(-x)}$ 은 로지스틱 시그모이드 함수라고도 불려 다음에 학습할 신경망에서도 사용됩니다.

- 레이블 y_i가 0이나 1을 취한다.
➡ 그룹1에 속할 확률 π_i로 변환한다.
- 피설명변량이 취할 수 있는 값은 0에서 1까지로 한정되어 있다.
➡ 로그 오즈비를 도입해 취할 수 있는 값을 확대한다.

가 됩니다.

또한, 이번 절에서 로지스틱 회귀 모델의 설명은 부족한 부분이 있습니다. 그건 π_i를 관측 할 수 없다는 사실이 전혀 언급되지 않는다는 점입니다. 모델의 좌변은 데이터로부터 구할 수 없기 때문에 선형 회귀 모델 파라미터 추정에 자주 사용되는 최소제곱법 추정은 사용할 수 없습니다. 실제 파라미터 추정은 π_i에 대해 베르누이 분포를 가정하고, 최대우도 추정법으로 추정해야 합니다. 다음 절에서 다룰 R의 glm 함수는 주어진 데이터를 이용해서 최대우도 추정을 수행하고 파라미터의 추정치를 돌려줍니다.

CHAPTER 4.2
로지스틱 회귀 모델의 피팅

그렇다면 기업의 신용도 데이터에 로지스틱 회귀 모델을 피팅시켜 봅니다. 일반화 선형 모델에 의한 피팅은 glm 함수를 사용합니다. 함수의 이름은 일반화 선형 모델형(Generalized Linear Model)의 약자를 딴 것입니다.

```
glm(모델식, data=이용 데이터 프레임명, family=모델종류)
```

인수 family에 binomial을 지정하면 로지스틱 회귀 모델을 피팅할 수 있

습니다.[3]

모델식은 선형 회귀 모델을 다루는 lm 함수, 선형 판별 분석을 다루는 lda 함수의 지정과 같은 방식으로 설정합니다. 인수 data에 대상 데이터인 객체 이름 Data를 전달하면 모델식의 좌변을 Data 안의 객체 이름인 Status로 지정할 수 있습니다. 이번 분류 문제를 로지스틱 회귀 모델을 이용해서 분석하려면 다음과 같이 입력합니다.

```
> glm(Status~. , data=Data , family="binomial")
```

그럼 분석 결과를 확인해 보도록 하겠습니다. 우선, 로지스틱 회귀 모델 피팅 결과를 객체 result.glm에 저장합니다. 이어 결과를 저장한 객체 result.glm에 summary 함수를 적용함으로써 상세한 분석 결과를 얻을 수 있습니다.

```
> result.glm = glm(Status~., data=Data, family="binomial")
> summary(result.glm)

Call:
glm(formula = Status ~ ., family = "binomial", data = Data)

Deviance Residuals:
    Min       1Q    Median       3Q      Max
-2.59177  -0.01905   0.06244   0.16512   1.55621

Coefficients:
            Estimate Std. Error z value Pr(>|z|)
(Intercept)   17.151      4.306   3.983 6.81e-05 * * *
안전성        -22.456      5.773  -3.890  0.00010 * * *
유동성        -20.634      7.374  -2.798  0.00514 * *
---
```

....

3 인수 family는 일반화 선형 모델의 연결 함수(link function)를 지정한 것입니다. 그 외에 gamma, poisson 등을 지정하는 경우가 있습니다.

```
Signif. codes: 0 '***' 0.001 '**' 0.01 '*' 0.05 '.' 0.1 ' ' 1

(Dispersion parameter for binomial family taken to be 1)

    Null deviance: 100.498 on 86 degrees of freedom
Residual deviance:  31.249 on 84 degrees of freedom
AIC: 37.249

Number of Fisher Scoring iterations: 7
```

　추정한 계수는 출력 결과인 Coefficients:에 기재되어 있습니다. 계수의 추정치는 Estimate의 열을 확인합니다. 오른쪽 끝의 Pr(>|z|)은 그 설명변량의 계수가 0인 것을 귀무가설로 가설검정을 한 경우의 p값입니다. 이 값이 미리 설정한 유의 수준을 밑돌고 있으면 설명변량에 곱해질 계수는 0이 아니라고 판단할 수 있고, 그 설명변량이 유의하다라고 판단할 수 있습니다. 오른쪽에 있는 *은 3개 경우에는 p값이 0.1%, 2개 경우에는 1%, 1개 경우에는 5%를 밑돌고 있는 것을 나타냅니다. 유의 수준을 1%로 설정한 경우에도 모든 변량은 유의하다고 생각할 수 있습니다.

　다음은 계수의 값을 확인해 봅니다. 절편항인 (Intercept)는 양수가 되었지만 안전성, 유동성은 음수가 되었습니다. 안전성 지표는 총부채, 총자산이기 때문에 총자산에 대해서 부채액이 클수록 안전성 지표의 값이 커집니다. 추정된 계수는 음수이기 때문에 부채가 크면 클수록 신용도가 낮아진다는 관계가 있는 것을 알 수 있습니다. 유동성 지표의 정의는 (현금·예금)÷(총자산)이기 때문에 보유하고 있는 현금·예금의 금액이 크면 클수록 유동성 지표의 값이 커집니다. 추정된 계수는 음수 값이기 때문에 보유하고 있는 현금·예금의 금액이 크면 클수록 신용도가 낮아진다는 관계가 있다는 것을 알 수 있습니다. 정리하자면 부채가 크고 보유하고 있는 자금을 투자로 운용하고 있지 않은 기업일수록 신용도가 낮게 책정되어 있는 것을 알 수 있습니다.

이렇게 로지스틱 회귀 모델에서는 설명변량이 레이블에 대해서 어느 정도 설명효과가 있는 것인지 얻은 결과를 통해서 쉽게 확인 할 수 있습니다.

그렇다면 이번 로지스틱 회귀 모델의 분류 정확도에 대해서 확인해 봅니다. 추정한 로지스틱 회귀 모델에서 예측값을 얻기 위해서는 결과를 보관한 객체 result.glm에 predict 함수를 적용합니다.

```
> predict(result.glm)
          1          2          3          4          5          6
  6.8776713  1.3360125  5.1579435  8.5773844  5.2305933  5.6505989
          7          8          9         10         11         12
  5.5202524  1.4417047  5.6630300  9.2423766  8.1612743  9.0474628
         13         14         15         16         17         18
 -8.0672775  5.4465357  3.0943348  9.6638585  4.1303902  4.9796780
                                   :
                                   :
```

로지스틱 회귀 모델의 예측값에서 양수 값은 신용도가 충분하다는 것을, 음수 값은 신용도가 불충분하다는 것을 얻게됩니다.

이것은 이번 분석에서 얻은 모델식은 로그 오즈비를 적용하고 있어서

$$\log \frac{\pi_i}{1-\pi_i} = 17.151 - 22.456 \times 안전성지표 - 20.634 \times 유동성지표$$

예측값을 확률값으로서 얻기 위해서는 로지스틱 시그모이드 함수를 적용할 필요가 있습니다. 구체적으로는

$$\pi_i = \frac{1}{1 + \exp(17.151 - 22.456 \times 안전성지표 - 20.634 \times 유동성지표)}$$

라는 형태입니다. 로지스틱 시그모이드 함수 $f(y) = \frac{1}{1+\exp(-y)}$ 는 $y = 0$일 때는 $f(0) = 0.5$가 되어 1 그룹일 확률이 50%가 됩니다. 예를 들면

$y = 3$일 때는 $f(3) = \dfrac{1}{1 + \exp(-3)} = 0.953$가 되어 1 그룹일 확률 95.3%,

$y = -3$일 때에는 $f(-3) = \dfrac{1}{1 + \exp(3)} = 0.047$이 되어 1 그룹일 확률 4.7%

입니다.

이번 장에서는 확률값으로서 분류 문제를 생각하고 있습니다. 따라서 로지스틱 회귀 모델의 예측값도 확률값으로 취급하기 위해서 **R**에서 로지스틱 시그모이드 함수를 계산하는 새로운 sigmoid 함수를 정의해 봅니다. 함수의 정의는 function 함수를 이용해서 다음처럼 입력합니다.

```
function(변수명) {함수의 정의}
```

그럼 로지스틱 시그모이드 함수를 작성해 다음과 같이 입력합니다.

```
> sigmoid=function(x){  1 / ( 1 + exp( - x ) ) }
```

인수는 x로 설정하고 함수 정의에서는 $\dfrac{1}{1 + \exp(-x)}$ 을 기술합니다. 그러면 새롭게 정의한 sigmoid 함수를 이용해서 로지스틱 회귀 모델에 의한 예측값을 확인해 봅니다. 로지스틱 회귀 모델에 의한 분석 결과에 근거한 예측값을 얻기 위해서는 분석 결과가 보관되어 있는 객체 result. glm에 predict 함수를 적용합니다. 또 예측값에 앞서 정의한 로지스틱 시그모이드 함수를 계산하는 새로운 sigmoid 함수를 적용시키는 것으로 각 기업이 신용도가 있는 그룹에 속하는 확률값을 얻을 수 있습니다. 다음 명령은 첫 열에는 로지스틱 회귀 모델에 의한 예측값, 두 번째 열에는 그 예측값으로 로지스틱 시그모이드 함수를 적용해서 확률값으로 변경한 값, 세 번째 열에는 레이블을 나열해서 표시합니다. 결과를 보기 쉽도록 하기 위해서 소수점 넷째 자리에서 반올림해서 소수점 셋째 자리까지만 표시하고 있습니다.

```
> round(cbind(predict(result.glm),sigmoid(predict(result.glm)),Data[,1]),3)
    [,1]   [,2] [,3]
1   6.878 0.999   1
2   1.336 0.792   1
3   5.158 0.994   1
4   8.577 1.000   1
      :     :     :
      :     :     :
84 -1.492 0.184   0
85 -3.809 0.022   0
86 -0.199 0.451   0
87 -4.064 0.017   0
```

처음 4개 기업은 두 번째 열의 값이 0.792에서 1.000까지로 높은 값을 보이고 있습니다. 이 값은 해당 기업이 신용도가 있다라고 판단할 수 있는(그룹 1에 속할) 확률을 나타내고, 레이블인 세 번째 열과 비교해도 모두 그룹 1에 속해 있다는 것을 확인할 수 있습니다. 마지막 4개 기업에 대해서는 86번째의 기업에서 신용도가 있다고 판단할 수 있는 확률은 0.451로 높지만 50%보다 낮고, 그 외의 3개 기업은 0.184이기 때문에 그룹 1에 속할 확률은 낮다라고 생각할 수 있습니다. 실제로 레이블을 확인해 보면 4개의 기업은 모두 그룹 0에 속해 있습니다.

여기까지 확인한 바로는 로지스틱 회귀 모델에 의한 분류는 신용도가 있는 기업인지 그렇지 않은지를 잘 분류하고 있는 것처럼 보입니다. 그럼 전체 데이터를 살펴보고 이번 로지스틱 회귀 모델에 의한 분류 정밀도를 확인해 봅니다.

우선 레이블에 기록된 그룹마다 로지스틱 회귀 모델에 의한 예측값이 어떻게 분포되어 있는지를 상자그림을 이용해서 시각적으로 확인해 봅니다. 다음 명령을 입력하면 그림 4.2를 얻을 수 있습니다.

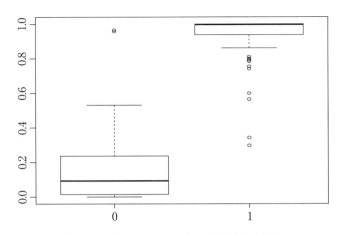

그림 4.2 각 레이블별 로지스틱 회귀 모델의 예측값의 분포

```
> boxplot(split(sigmoid(predict(result.glm)),Data[,1]))
```

로지스틱 시그모이드 함수를 사용해서 로지스틱 회귀 모델의 예측값을
확률값으로 변환하기 때문에 값은 0에서 1의 범위로 한정되어 있습니다.
레이블에서는 그룹 0에 속해 있음에도 불구하고 몇 개의 기업은 신용도가
있다고 판단되는 확률값이 1에 가까운 경우가 존재합니다. 한편 레이블에
서 그룹 1에 속한 기업은 전체적으로 신용도가 있다고 판단될 확률값이 높
은 것이 많고 0.5를 밑도는 종목은 2개 정도가 있는 것을 알 수 있습니다.

분류정확도를 세밀하게 확인하기 위해서 로지스틱 회귀 모델에 의한
예측값의 확률값이 0.5 이상인 것을 그룹 1로 설정하고, 0.5 미만인 것을
그룹 0으로 설정하며 판단하고 레이블과 비교합니다. 확률값이 0.5 이상
일 때는 1, 0.5 미만일 때는 0으로 하기 위해서는 확률값의 소수점 첫째
자리에서 반올림하면 되기 때문에 다음과 같이 입력합니다.

```
> table(x=round(sigmoid(predict(result.glm)),0), y=Data[,1])
   y
x   0  1
  0 20  2
  1  3 62
```

이번 로지스틱 회귀 분석에 의해서 신용도가 없다고 판단된 기업 수는 22개, 신용도가 있다고 판단된 기업 수는 65개입니다. 레이블과 비교해 보면 원래는 신용도가 있음에도 불구하고 신용도가 없다고 판단된 기업 수는 2개이고, 한편 원래 신용도가 없음에도 신용도가 있다고 판단된 기업 수는 3개입니다.

정리하자면 이번 로지스틱 회귀 모델의 피팅에서는 전체의 기업 수 87개 중에서 잘못 판단한 기업 수가 5개이기 때문에 오분류의 비율은 5.75%가 됩니다. 이 수치는 3장에서 설명한 선형 판별 분석, 서포트 벡터 머신과 거의 같은 비율이고 잘 분류되고 있는 것을 알 수 있습니다.

또한, 이번 절에서는 R에 의한 함수 정의의 연습이라는 의미에서 굳이 predict 함수의 예측값을 사용한 시그모이드 함수를 통해서 확률의 예측 값을 계산했지만, 실은 fitted 함수를 사용하는 것으로 직접 확률의 예측 값을 구하는 것도 가능합니다.

CHAPTER 4.3
로지스틱 회귀 모델의 파라미터 추정

4.1절에서는 로지스틱 회귀 모델의 사고방식에 대해서 집중하다보니 파라미터 추정에 대해서 자세하게 설명하지 않았습니다. 이번 절에서는

로지스틱 회귀 모델의 파라미터 추정에 대해서 대략적으로 살펴보겠습니다. 또 로지스틱 회귀 모델은 일반화 선형 모델이라고 불리는 모델의 일종으로 피설명변량에서 확률분포를 가정해 그 기대값을 모델화하고 있습니다. 그렇기 때문에 최소제곱법에서는 파라미터 추정을 할 수 없고 최대우도 추정법을 사용할 필요가 있습니다.

이번에 다루고 있는 이진 분류 문제처럼 2개의 선택지 중 한쪽이 반드시 선택되어야 하는 시도를 베르누이 시행이라고 부릅니다. 양자택일의 선택 문제라면 어떤 선택지가 선택되는 확률을 p로 하면 선택되지 않을 확률은 $1-p$로 표현할 수 있습니다. 이번 절에서는 신용도에 관한 문제를 로지스틱 회귀 모델로 분석할 때는 어떤 기업 i가 신용도가 있다고 판단될 확률을 π_i로 둔 베르누이 시행으로서 생각하겠습니다.

지금 레이블 y_i와 학습 데이터 (x_{i1}, x_{i2})의 쌍이 n개 있다고 하겠습니다. 즉 (y_1, x_{11}, x_{12}), (y_2, x_{21}, x_{22}), $\cdots$, (y_n, x_{n1}, x_{n2})을 이미 얻었습니다. 신용도가 있다라고 판단되고 있는 경우는 $y_i=1$, 없다고 판단되는 경우는 $y_i=0$으로 되어 있습니다. 이 때 데이터 i가 신용도가 있다고 판단되는 확률은 π_i이고, 레이블로서 신용도가 있는 경우의 i에 대해서는 $\{i \mid y_i=1\}$라고 쓰겠습니다.[4]

구하는 파라미터를 정리해서 β로 해두면, 우도함수 $L(\beta)$[5]은

$$L(\beta) = \prod_{\{i \mid y_i = 1\}} \pi_i \prod_{\{i \mid y_i = 0\}} (1 - \pi_i) = \prod_{i=1}^{n} \pi_i^{y_i} (1 - \pi_i)^{1 - y_i}$$

라고 기술할 수 있습니다. 신용도가 있는 데이터의 첨자를 1, 2, $\dots k$로 두

....

4 일반적으로 {우측의 조건을 만족하는 첨자를 표시 | 조건}으로 표기합니다. 그렇기 때문에 $\{i \mid y_i=1\}$로 한 경우에는 $y_i=1$이 되는 첨자 i를 열거한 것을 가리킵니다.

5 본문 안에 있는 것처럼 $\prod_{\{i \mid y_i=1\}} \pi_i$ 라고 쓰면 $y_i=1$가 되는 모든 π_i에 대한 곱을 나타냅니다.

고, 신용도가 없는 데이터의 첨자를 $k+1$, $k+2$, $\cdots$, n으로 한 경우

$$\prod_{i=1}^{n} \pi_i^{y_i}\left(1-\pi_i\right)^{1-y_i}$$

$$=\pi_1 \times \pi_2 \times \cdots \times \pi_k \times \left(1-\pi_{k+1}\right) \times \left(1-\pi_{k+2}\right) \times \cdots \left(1-\pi_n\right)$$

라고 정리할 수 있습니다. 그렇다면 로그 우도 $l(\beta)$를 계산해 봅니다.

$$l(\beta) = \log L(\beta) = \log \left\{ \prod_{i=1}^{n} \pi_i^{y_i}\left(1-\pi_i\right)^{1-y_i} \right\}$$

$$= \sum_{i=1}^{n} \left\{ y_i \log \pi_i + \left(1-y_i\right) \log\left(1-\pi_i\right) \right\} \tag{4.3}$$

지금 로지스틱 회귀 모델식 $\log \dfrac{\pi_i}{1-\pi_i} = \beta_0 + \beta_1 x_{i1} + \beta_2 x_{i2}$을 다시 떠올리면 다음과 같이 계산할 수 있습니다.

$$\log \frac{\pi_i}{1-\pi_i} = \beta_0 + \beta_1 x_{i1} + \beta_2 x_{i2}$$

$$\Leftrightarrow \log \pi_i - \log\left(1-\pi_i\right) = \beta_0 + \beta_1 x_{i1} + \beta_2 x_{i2}$$

$$\Leftrightarrow \log \pi_i = \log\left(1-\pi_i\right) + \left(\beta_0 + \beta_1 x_{i1} + \beta_2 x_{i2}\right)$$

이 함수식을 (4.3)의 우변에 적용하면

$$l(\beta) = \sum_{i=1}^{n} \left[y_i \left\{ \underline{\log(1-\pi_i) + \left(\beta_0 + \beta_1 x_{i1} + \beta_2 x_{i2}\right)} \right\} + (1-y_i)\log(1-\pi_i) \right]$$

$$= \sum_{i=1}^{n} \left[y_i\left(\beta_0 + \beta_1 x_{i1} + \beta_2 x_{i2}\right) + \log(1-\pi_i) \right]$$

를 얻을 수 있습니다. 여기에서 (4.2)

$$\pi_i = \frac{1}{1 + \exp\left\{ -\left(\beta_0 + \beta_1 x_{i1} + \beta_2 x_{i2}\right) \right\}}$$

를 떠올리면 $1-\pi_i$는 다음과 같이 계산할 수 있습니다.

$$1 - \pi_i = 1 - \frac{1}{1 + \exp\left\{-\left(\beta_0 + \beta_1 x_{i1} + \beta_2 x_{i2}\right)\right\}}$$

$$= \frac{\exp\left\{-\left(\beta_0 + \beta_1 x_{i1} + \beta_2 x_{i2}\right)\right\}}{1 + \exp\left\{-\left(\beta_0 + \beta_1 x_{i1} + \beta_2 x_{i2}\right)\right\}}$$

$$= \frac{1}{\exp\left\{\left(\beta_0 + \beta_1 x_{i1} + \beta_2 x_{i2}\right)\right\} + 1}$$

따라서 로그 우도 함수는 다음과 같이 계산할 수 있습니다.

$$l(\beta) = \sum_{i=1}^{n}\left[y_i\left(\beta_0 + \beta_1 x_{i1} + \beta_2 x_{i2}\right) - \log\left\{\exp\left(\beta_0 + \beta_1 x_{i1} + \beta_2 x_{i2}\right) + 1\right\}\right]$$

로그 우도 함수를 얻을 수 있었기 때문에 파라미터의 추정시에는 로그 우도 함수를 최대로 하는 파라미터의 값을 최대우도 추정값으로서 채용하면 됩니다. 즉 β_0, β_1, β_2로 편미분한 값이 0이 되는 식에서 작성한 연립방정식의 해가 최대우도 추정값이 됩니다.

로지스틱 회귀 모델에는 설명변량의 계수 값에 의해 분류에 대한 각 설명변량이 어떻게 기여하고 있는지 명시적으로 알 수 있습니다. 즉, 분류의 로지스틱을 해석하는 것이 가능하게 되어 있는 점이 분석에 있어서 큰 메리트가 됩니다. 특히 분류 결과를 얻지 않은 미지의 문제에 학습한 모델을 응용할 때는 기계가 각 설명변량을 어떻게 해석하고 분류하고 있는지 알고 있으면 튜닝이나 모델의 개량을 효율적으로 할 수 있습니다. 나중에 설명할 신경망이나 딥러닝 등 최근 유행하고 있는 머신러닝의 대부분은 피설명변량(출력)에 대한 설명변량(입력)의 기여를 해석하는 것이 어렵게 되어 있습니다. 어떤 변량이 좋은 분류 결과를 내는지 모르는 이상, 분석자가 생각할 수 있는 모든 종류의 데이터(이른바 빅데이터)를 준비해 컴퓨터에게 오로지 계속 학습시키지 않으면 안 되고 결과로서 결국 대형 계산기의 힘을 빌리지 않을 수 없게 됩니다. 데이터의 내용을 사용할 수 있다는 점에서 편리성이 높지만 계산이 매우 번잡하게 되어 견고함을 보장하기가 어렵습니다. 독자 여러분은 미리 이용할 방법을 정하는 것이 아니라 각 방법의 장점과 단점을 잘 이해한 후 각자의 분석 목적에 맞는 적절한 방법을 선택하시기 바랍니다.

신경망에 의한
분류

이번 장에서는 신경망을 소개합니다. 신경망은 신경세포의 시스템을 흉내 낸 수리 모델로 알려져 있습니다. 최근 화제가 되고 있는 딥러닝에 대해 간단하게 이야기하면, 이 신경망을 응용해서 다층화한 모델입니다. 딥러닝 그 자체는 이 책에서 설명하는 대상을 벗어나지만, 그 기초가 되는 신경망을 이해하면 딥러닝을 이해하는데 큰 도움이 될 것입니다.

CHAPTER 5.1
피드 포워드 신경망

신경망에는 다양한 구현 방법이 있지만 이 책에서는 일반적으로 이용되고 있는 피드 포워드 신경망을 다루겠습니다.

피드 포워드 신경망은 뉴런이 층을 이룬 모양으로 그룹화 되어 입력층에서 중간층을 거쳐 출력층으로 단일 방향으로만 신호가 전달되는 구조를 가지고 있습니다.

그림 5.1은 다층 구조의 피드 포워드 신경망 중 인접하고 있는 2층의 이미지를 나타내고 있습니다. 층 수를 k로 하고, 제 k층에 속하는 뉴런의 수를 n_k로 합니다. 제 k층에 있는 i번째의 뉴런에서 나오는 출력을 $x_i^{[k]}$로 합니다. 이 때 제 k층에 있는 뉴런에서 출력을 정리하면 $\boldsymbol{x}^{[k]} = (x_1^{[k]}, x_2^{[k]}, \cdots x_{nk}^{[k]})^T$로 표시합니다.

다음에 제 $k+1$층 뉴런으로의 입력에 대해 알아보겠습니다. 지금 $k+1$층의 j번째에 있는 뉴런으로의 입력 $a_j^{[k+1]}$은 제 k층의 뉴런에서 출력 $x_i^{[k]}$로 각각의 가중치 파라미터 $w_{ij}^{[k]}$와 곱의 선형합에 그 뉴런 특유의 상

수항[1] $w_{0j}^{[k]}$을 더한 것으로 정의되어

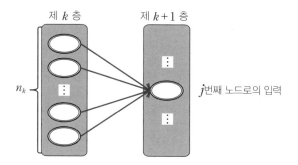

그림 5.1 다층 구조의 피드 포워드 신경망

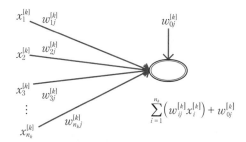

그림 5.2 뉴런으로의 입력

$$a_j^{[k+1]} = \sum_{i=1}^{n_k} w_{ij}^{[k]} x_i^{[k]} + w_{0j}^{[k]}$$

라고 표현할 수 있습니다.

뉴런에서의 출력은 입력 $a_j^{[k+1]}$에 함수를 적용한

$$x_j^{[k+1]} = f(a_j^{[k+1]})$$

....

1 옮긴이 주_ 일반적으로 편향 또는 바이어스(Bias)라고 부르지만 선형 판별 모델의 편향 등과 구분하기 위해서 특유의 상수항이라고 표현하고 있습니다.

으로 정의됩니다. 또 분류를 하기 위한 신경망에서는 함수 $f(\cdot)$에 로지스틱 시그모이드 함수

$$f(a) = \frac{1}{1 + \exp(-a)}$$

를 채용하는 것이 일반적입니다.

딥러닝과 같은 몇 층에 거쳐서 많은 뉴런이 배치되는 큰 네트워크에서는 구해야 하는 가중치 파라미터가 많아져서 학습은 힘들지만 기본적인 학습 방식은 네트워크가 커지더라도 변하지 않습니다.

이후에는 뉴럴 네트워크의 학습 방법을 확인하기 위해서 작은 네트워크를 예로 설명을 하겠습니다.

CHAPTER 5.2
3층 구조의 피드 포워드 신경망

이번 책에서 다루고 있는 기업의 신용도에 관한 데이터는 안전성 지표와 유동성 지표 이 2가지 지표(학습 데이터)와 신용도의 유무에 관한 1가지의 분류 지표(레이블)로 구성되어 있습니다.

제 1층에는 2개의 지표 데이터 입력하기 위한 노드를 각각 배치합니다. 이것을 입력층이라고 부릅니다. 제 2층은 연산처리만을 위한 층이기 때문에 학습 데이터와 레이블 어느 쪽도 표면적으로는 관여하지 않습니다. 이와 같은 특성 때문에 은닉층이라고 부릅니다. 제 3층은 분류 결과를 받기 위한 층이므로 출력층이라고 부르고, 노드 1개를 배치하겠습니다. 은닉층의 노드를 4개로 구성한 3층 구조의 피드 포워드 신경망을 그림 5.3에서

표현하고 있습니다.

이제는 입력층 2개 노드에서의 출력을 $\{i_1, i_2\}$, 은닉층 4개 노드에서의 출력을 $\{h_1, h_2, h_3, h_4\}$, 출력층 노드의 출력을 $\{o_1\}$로 표기합니다.

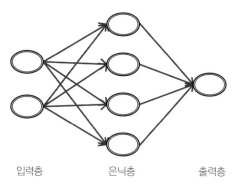

그림 5.3 3층 구조의 피드 포워드 신경망

입력층의 각 노드에서는 데이터에서 읽어 들인 값이 그대로 출력됩니다. 은닉층의 j번째 노드에 출력된 신호는 입력층 2개 노드의 출력에 가중치를 곱한 값과 그 노드에 고유의 신호(상수항의 값) 합으로 다음과 같이 표시할 수 있습니다.

$$\sum_{k=1}^{2} w_{kj} i_k + w_{0j} = w_{1j} i_1 + w_{2j} i_2 + w_{0j}$$

다만, 입력층 i번째 노드에서 은닉층 j번째 노드로의 입력 신호에 곱해지는 가중치를 w_{ij}로 하고 은닉층 j번째 노드의 정수항 가중치를 w_{0j}라고 하고 있습니다. 따라서 은닉층의 j번째에서 출력 신호 h_j는

$$h_j = f\left(\sum_{k=1}^{2} w_{kj} i_k + w_{0j}\right) \tag{5.1}$$

라고 표현할 수 있습니다.

출력층으로의 입력 신호는 은닉층 j번째의 노드에서 출력 신호 h_j에 곱해지는 가중치를 w_{jo}, 정수항의 가중치를 w_{0o}라고 하면

$$\sum_{j=1}^{4} w_{jo} h_j + w_{0o} = w_{1o} h_1 + w_{2o} h_2 + w_{3o} h_3 + w_{4o} h_4 + w_{0o}$$

라고 나타낼 수 있기 때문에 최종적인 출력 신호 o_1는 (5.1)를 이용하면

$$o_1 = f\left(\sum_{j=1}^{4} w_{jo}\left(f\left(\sum_{k=1}^{2} w_{kj} i_k + w_{0j} \right) \right) + w_{0o} \right)$$

라고 나타낼 수 있습니다.

학습에 의해서 추정해야 하는 파라미터는 4개의 은닉층에 입력 신호에 곱해지는 12개의 가중치

$$\begin{pmatrix} w_{01} \\ w_{11} \\ w_{21} \end{pmatrix}, \begin{pmatrix} w_{02} \\ w_{12} \\ w_{22} \end{pmatrix}, \begin{pmatrix} w_{03} \\ w_{13} \\ w_{23} \end{pmatrix}, \begin{pmatrix} w_{04} \\ w_{14} \\ w_{24} \end{pmatrix}$$

와 출력층으로의 입력 신호에 곱해지는 5개의 가중치를

$$\begin{pmatrix} w_{0o} \\ w_{1o} \\ w_{2o} \\ w_{3o} \\ w_{4o} \end{pmatrix} \tag{5.2}$$

를 합쳐서 17개의 가중치가 됩니다.

　각 노드에서 고유의 입력(상수항)의 존재를 기억하시기 바랍니다. 그림 5.3에 노드에 입력되는 화살표의 수에 1개를 더한 만큼만 가중치가 존재합니다. 출력층의 가중치 (5.2)에서는 은닉층에서의 입력 신호 4개에

1개를 더해서 총 5개가 됩니다.

또 이번 절에서 소개한 신경망은 제 4장에서 소개한 로지스틱 회귀 모델과 같이 로지스틱 시그모이드 함수를 이용해서 이진 분류 문제를 푸는 방법입니다. 둘의 관계는 다음과 같이 정의되므로 피드 포워드 신경망의 그림을 보면서 확인해 보겠습니다.

> **신경망과 로지스틱 회귀 모델의 관계**
>
> 로지스틱 시그모이드 함수를 출력 함수로서 사용하고 은닉층이 없는 피드 포워드 신경망은 로지스틱 회귀 모델과 일치합니다.

여기까지 신경망의 각각의 층과 노드의 연결 방법을 확인했습니다. 다음은 가중치 추정 방법에 대해서 알아봅니다.

CHAPTER 5.3
가중치 추정 방법 – 오차 역전파법

이 책의 목적에는 머신러닝의 방식을 배우는 것도 포함되어 있기 때문에 신경망의 가중치를 추정하는 방법으로 유명한 오차 역전파법(백프로퍼게이션, Back-propagation)의 사고방식을 살펴보겠습니다. 합성함수의 미분공식과 편미분을 이용하기 때문에 처음 배우는 학습자는 이번 절을 건너 뛰거나 흐름을 파악하는 정도로 읽어도 괜찮습니다.

여기서의 목표는 출력층에서 출력 신호 o와 레이블의 차이를 가장 작게 하는 가중치를 찾는 것에 있습니다. 둘의 차의 제곱인

$$E = \frac{1}{2}(o - y)^2$$

을 최소화 하는 것을 목적으로 해봅니다. 가중치의 값은 한 번에 모두 구해지는 것이 아니라 1개의 가중치를 구하고 나서 다음 가중치의 값을 갱신하는 작업을 반복하게 됩니다.

우선은 은닉층에서 출력층으로 입력된 신호에 곱해지는 가중치 w_{jo}, ($j=0, 1, \cdots, 4$)의 갱신 방법을 살펴보겠습니다.

$$\frac{\partial E}{\partial w_{jo}} = \frac{\partial E}{\partial o}\frac{\partial o}{\partial w_{jo}} \tag{5.3}$$

지금 전반 부분의 편미분은

$$\frac{\partial E}{\partial o} = \frac{\partial}{\partial o}\frac{1}{2}(o - y)^2 = (o - y) \tag{5.4}$$

이라고 계산할 수 있어서 출력 신호와 레이블의 차이가 됩니다. 다음으로 후반 부분의 편미분을 생각해 봅니다. 지금 출력 신호는

$$o = f\left(\sum_{j=1}^{4} w_{jo} h_j + w_{0o}\right)$$

이고, 출력함수는 로지스틱 시그모이드 함수 $f(x) = \dfrac{1}{1 + e^{-x}}$이기 때문에

$$\frac{\partial f}{\partial x} = \frac{e^{-x}}{(1 + e^{-x})^2} = \frac{1}{1 + e^{-x}}\frac{e^{-x}}{1 + e^{-x}}$$

$$= \frac{1}{1 + e^{-x}}\left(1 - \frac{1}{1 + e^{-x}}\right) = f(x)\big(1 - f(x)\big)$$

인 것을 이용하면

$$\frac{\partial o}{\partial w_{jo}} = \frac{\partial}{\partial w_{jo}}f\left(\sum_{j=1}^{4} w_{jo} h_j + w_{0o}\right)$$

$$= h_j f\left(\sum_{j=1}^{4} w_{jo} h_j + w_{0o}\right)\left(1 - f\left(\sum_{j=1}^{4} w_{jo} h_j + w_{0o}\right)\right) \tag{5.5}$$

$$= h_j o(1-o)$$

이라고 계산할 수 있습니다.

앞에서처럼 (5.4)와 (5.5)보다 은닉층에서 출력층으로의 입력 신호에 곱해지는 가중치 w_{jo}의 경사도는

$$\frac{\partial E}{\partial w_{jo}} = (o - y)h_j o(1 - o) \tag{5.6}$$

라고 계산할 수 있습니다. (5.6)을 이용하면 오차함수를 작게 하기 위한 가중치 w_{jo}, $(j=0, 1, \cdots, 4)$을 갱신할 수 있습니다. 이미지로서는 그림 5.4와 같이 출력 노드로의 입력 신호에 곱해지는 가중치를 하나씩 학습시켜 갑니다. 여기 그림 5.4는 간략한 표현을 위해서 상수항을 생략하고 그렸습니다.

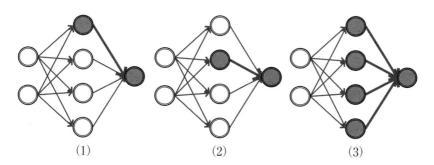

(1)   (2)   (3)

그림 5.4 오차 역전파법의 제 1 단계, 출력 노드로 입력되는 신호에 곱해지는 가중치의 결정 : 출력 노드로 흘러들어가는 신호에 곱해지는 가중치를 1개씩 정해가면서 (1), (2), 직접 출력 노드로 이어지는 부분의 가중치를 모두 결정합니다.(3)

다음에 출력층의 제 k 노드에서 은닉층의 제 j 노드로 입력되는 신호에 곱해지는 가중치 w_{kj}의 갱신에 대해서 생각해 봅니다. 목적함수는 아까와 마찬가지로 오차함수 E입니다. 따라서 w_{kj}의 갱신에 대해서는 다음과 같이 기술할 수 있습니다.

$$\frac{\partial E}{\partial w_{kj}} = \frac{\partial E}{\partial o}\frac{\partial o}{\partial h_j}\frac{\partial h_j}{\partial w_{kj}} = (o - y)\frac{\partial o}{\partial h_j}\frac{\partial h_j}{\partial w_{kj}} \qquad (5.7)$$

여기서 첫 번째의 편미분은 (5.4)를 이용해서 수정합니다. 이제 두 번째의 편미분에 대해서는 로지스틱 시그모이드 함수의 미분을 이용하면

$$\frac{\partial o}{\partial h_j} = \frac{\partial}{\partial h_j}f\left(\sum_{j=1}^{4} w_{jo}h_j + w_{0o}\right) = w_{jo}o(1 - o)$$

라고 계산할 수 있습니다. 이어서 세 번째의 편미분에 대해서 생각해 봅니다. 은닉층의 출력 신호인 h_j가

$$h_j = f\left(\sum_{k=1}^{2} w_{kj}i_k + w_{0j}\right)$$

인 것을 다시 생각해보면

$$\frac{\partial h_j}{\partial w_{kj}} = \frac{\partial}{\partial w_{kj}}f\left(\sum_{k=1}^{2} w_{kj}i_k + w_{0j}\right) = i_k h_j\left(1 - h_j\right) \qquad (5.8)$$

로 계산할 수 있습니다. 정리하면 w_{kj}의 갱신에 대해서는

$$\frac{\partial E}{\partial w_{kj}} = (o - y)w_{jo}o(1 - o)i_k h_j\left(1 - h_j\right) \qquad (5.9)$$

를 이용하면 되는 것을 알 수 있습니다.

가중치의 갱신 방법 순서로서는 (5.6)을 이용해서 은닉층의 제 j 노드에서 출력층 노드로 입력되는 신호에 곱해지는 가중치 w_{jo}를 갱신한 후에 (5.9)를 이용해서 입력층의 제 k 노드에서 은닉층의 제 j 노드로 입력되는 신호에 곱해지는 가중치 w_{kj}를 갱신하게 됩니다. 이처럼 출력층에 가까운 가중치부터 갱신시켜 나가기 때문에 역전파라는 단어가 사용되고 있습니다.

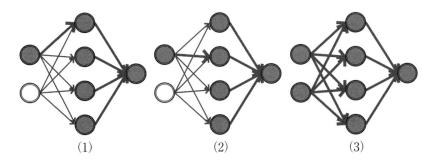

그림 5.5 오차 역전파법의 제 2 단계. 은닉층의 노드로 입력되는 신호에 곱해지는 가중치의 결정 : 오차 역전파법의 제 1단계가 끝났기 때문에 출력 노드에 입력되는 신호에 곱해지는 가중치는 모두 결정되었습니다. 그래서 은닉층 각각의 노드에 입력되는 신호에 곱해지는 가중치를 1개씩 결정해가면서 (1), (2), 모든 가중치가 결정됩니다.(3)

R을 이용한 신경망의 추정

R에서 신경망을 다루기 위해서는 패키지 nnet을 이용합니다. 이 패키지에서는 은닉층이 1층인 모델을 다룰 수 있습니다. 이 패키지를 읽어 들이기 위해서는 다음과 같이 입력합니다.

```
> library(nnet)
```

이것으로 신경망을 실행하기 위한 nnet 함수를 이용할 준비가 되었습니다. nnet 함수의 이용 방법은 다음과 같습니다.

```
nnet(모델식, data=다룰 객체, size= 은닉층 노드 수, maxit= 최대 반복 연산수)
```

모델식의 기술 방법은 지금까지 이용해 왔던 선형 회귀 모델 lm, 선형 판별 분석 lda, 로지스틱 회귀 모델 glm과 같습니다. 다만 이진 분류 문제를 다루는 경우에는 피설명변량을 팩터(factor)형으로 해둘 필요가 있습니다. 또 가중치를 결정하기 위해서 반복 연산을 합니다. 그래서 가중치를 추정할 때까지 최대로 몇 번까지 반복할 지를 결정하는 인수 maxit에 최대수를 지정합니다. 혹시 maxit에 값을 전달하지 않고 생략한 경우에는 최대 반복 수는 100으로 설정됩니다. 그렇다면 신경망에 의한 분석을 해 봅니다.

신경망에서는 난수를 이용해서 학습을 진행하고 있기 때문에 nnet 함수를 실행시킬 때마다 결과가 다른 경우가 있습니다. 아래에서 이용하는 set.seed 함수는 난수를 발생시키는 시드를 지정하는 함수입니다. 난수는 시드의 값을 기준으로 수를 무작위로 발생시키기 때문에 시드가 같으면 언제든 같은 난수의 조합을 얻을 수 있습니다.

```
> set.seed(1000)
> result.nnet=nnet(as.factor(Status)~., data=Data,size=4)
# weights:  17
initial  value 64.150614
iter  10 value 23.720922
iter  20 value 15.730659
iter  30 value 13.822347
iter  40 value 12.223823
iter  50 value 11.834535
iter  60 value 10.609816
iter  70 value 10.318616
iter  80 value 10.200036
iter  90 value 10.004288
iter 100 value 9.985832
final  value 9.985832
stopped after 100 iterations
```

인수의 maxit에 아무 것도 지정하지 않은 경우는 최대 100회까지 반복 연산을 하지만 출력 결과 말미에 stopped after 100 iterations라고 기재되어 있는 것처럼 최적인 가중치를 발견하기 전에 반복 수의 상한에 도달해 버렸습니다. 그러니 최대 반복수를 500회까지 늘려보겠습니다.

```
> set.seed(1000)
> result.nnet=nnet(as.factor(Status)~., data=Data,size=4, maxit=500)
# weights:  17
initial  value 64.150614
iter  10 value 23.720922
iter  20 value 15.730659
iter  30 value 13.822347
iter  40 value 12.223823
iter  50 value 11.834535
iter  60 value 10.609816
iter  70 value 10.318616
iter  80 value 10.200036
iter  90 value 10.004288
iter 100 value 9.985832
iter 110 value 9.910832
iter 120 value 8.793223
final  value 8.762881
converged
```

분석 결과의 출력에서는 마지막에 converged라고 표시되어 있기 때문에 해를 제대로 구했습니다(해가 수렴했습니다).

그렇다면 피팅 결과의 자세한 내용을 확인해 봅니다. 신경망에 의한 분석 결과를 담고 있는 객체인 result.nnet에 summary 함수를 적용하겠습니다.

```
> summary(result.nnet)
a 2-4-1 network with 17 weights
options were - entropy fitting
   b->h1   i1->h1   i2->h1
 1877.49 -3266.40 -2660.13
   b->h2   i1->h2   i2->h2
 2415.31 -2908.79 -2922.72
```

```
   b->h3    i1->h3    i2->h3
  -45.14    -28.98    -12.45
   b->h4    i1->h4    i2->h4
 2259.12  -3144.69   -148.12
    b->o     h1->o     h2->o    h3->o    h4->o
 -361.26    146.04    224.78   161.35   138.33
```

총 17개의 가중치의 값을 얻었습니다.

분석 결과를 이용한 예측값을 얻으려면 result.nnet에 predict 함수를 적용합니다.

```
> predict(result.nnet)
        [,1]
1   1.0000000
2   0.8636440
3   1.0000000
4   1.0000000
5   1.0000000
6   1.0000000
7   1.0000000
8   0.8636440
        :
        :
82  0.8636440
83  0.0000000
84  0.0000000
85  0.0000000
86  0.0000000
87  0.0000000
```

분류 문제를 푸는 신경망에서는 출력 노드에서의 출력 신호에 로지스틱 시그모이드 함수가 적용되고 있고, 예측값은 신용도가 있는 그룹에 속하는 확률값으로 얻어집니다.

이번에도 50% 이상의 것을 신용도가 있다고 판정하는 것으로 하겠습니다. round 함수를 이용해서 소수점 첫째 자리를 반올림한 값과 레이블을 비교해 봅니다.

```
> table(round(predict(result.nnet)), Data[,1])

    0  1
  0 20  0
  1  3 64
```

신경망에 의한 분석에서는 레이블상에서 신용도가 있다고 되어 있는 기업에 대해서는 모두 바르게 예측되어 있는 것을 알 수 있습니다. 또 레이블 상에서는 신용도가 없다고 되어 있는 기업 23개 중 20개의 기업이 제대로 분류되어 있지만 3개의 기업을 신용도가 있다고 잘못 판단해 버렸습니다. 합치면 전체 87개 기업 중 잘못 분류한 기업은 3개이기 때문에 오분류율은 3.45%로 매우 낮고 잘 분류되고 있는 것을 알 수 있습니다.

이렇게 신경망에 의한 분석은 매우 강력한 분류 방법이라고 생각할 수 있습니다. 하지만 로지스틱 회귀 모델에 의한 분류에는 각각의 설명변량에 대해서 고찰(예를 들면 안전성 지표의 값이 커지는 것에 의해서 신용도가 저하하는 등)이 가능했지만 신경망 가중치가 많고 설명변량의 값이 어떻게 출력 결과에 영향을 주고 있는지를 확인하기 어렵다는 특징이 있습니다.

이 부분은 기계를 학습시키는 목적이 단순하게 분류·판단을 맡겨서 결과만 얻는 것에 있다면 문제가 없다고 볼 수도 있습니다. 하지만 피팅한 모델의 해석이 어려운 점이 결점이라고 할 수 있습니다.

모델을 해석하기 어렵다는 점과도 이어지는 부분인데 은닉층의 노드 수가 같아도 어떤 초기 값을 전달하는지에 따라서 결과가 쉽게 변하는 점에도 주의를 해야 합니다.

다음의 난수의 시드를 변경한 결과의 분석 예를 몇 개 살펴보겠습니다.

분석 결과가 변해가는 모습을 확인해 봅니다.

```
> set.seed(5000)
> result.nnet=nnet(as.factor(Status)~., data=Data,size=4, maxit=500)
# weights:  17
initial  value 54.573197
iter  10 value 15.222100
iter  20 value 13.887492
iter  30 value 13.574764
iter  40 value 12.979826
iter  50 value 12.884227
iter  60 value 12.844503
iter  70 value 12.288906
final  value 12.285039
converged
> summary(result.nnet)
a 2-4-1 network with 17 weights
options were - entropy fitting
  b->h1  i1->h1  i2->h1
 -17.29  -72.18   -7.72
  b->h2  i1->h2  i2->h2
 495.81 -862.28 -699.38
  b->h3  i1->h3  i2->h3
 268.65 -319.21 -321.69
  b->h4  i1->h4  i2->h4
 -15.55  -43.36   -3.82
   b->o   h1->o   h2->o   h3->o   h4->o
-114.85   10.83   93.62  116.18   10.11
> table(round(predict(result.nnet)),Y)
   Y
    0  1
 0 18  0
 1  5 64
```

제대로 해가 구해지기까지의 반복되는 수가 70정도 되어 앞서 했던 분석보다 값이 빨리 수렴했습니다. 하지만 분석 결과에서 얻어진 예측값과 레이블을 비교해 보면 잘못 분류한 기업 수가 5개가 되어서 분류 정확도가 나빠지고 있습니다.

다음 예를 확인해 봅니다.

```
> set.seed(90)
> result.nnet=nnet(as.factor(Status)~., data=Data,size=4, maxit=5000)
# weights:  17
initial  value 52.098907
iter  10 value 21.179536
iter  20 value 14.666212
         :
         :
iter1260 value 0.000099
final  value 0.000099
converged
> summary(result.nnet)
a 2-4-1 network with 17 weights
options were - entropy fitting
  b->h1  i1->h1  i2->h1
 -19.16  -15.25   -3.16
  b->h2  i1->h2  i2->h2
  57.93  -69.57  -71.27
  b->h3  i1->h3  i2->h3
  35.24  -33.79 -128.67
  b->h4  i1->h4  i2->h4
 -41.88   46.68  154.11
   b->o   h1->o   h2->o   h3->o   h4->o
  42.66  -24.82  108.50  -97.03 -102.83
>  table(round(predict(result.nnet)),Y)
   Y
     0  1
  0 23  0
  1  0 64
```

해가 수렴하기까지 1,260번 정도 걸려서 수렴이 늦어졌습니다. 하지만 분류 결과와 레이블 데이터를 비교해 보면 신용도가 충분한 기업과 그렇지 않은 기업을 완벽하게 분류하고 있습니다.[2]

....

2 덧붙이자면 해를 얻는 속도와 분류 정확도는 특별히 관계가 없습니다.

여기까지 설명했던 것처럼 신경망을 사용했을 때 분류 문제가 잘 풀리는 것을 확인할 수 있었습니다. 하지만 이용할 때에는 설명변량과 출력 결과와의 관련성을 파악하는 것이 어렵다라는 점, 난수에 의해서 결과가 변화하는 점 등에 충분히 주의를 기울일 필요가 있습니다.

CHAPTER 5.5
딥러닝으로 가는 출발점

이번 장의 마지막으로 최근 유행하고 있는 딥러닝에 대해서 간단하게 설명해 보겠습니다.

데이터의 양이 충분하게 있음에도 불구하고 신경망을 이용한 학습이 불충분한 경우 일반적으로는 신경망을 크게 하는 것으로 문제 해결을 시도합니다. 신경망을 크게 하려면 3층의 구조는 그대로, 노드 수를 늘리거나 층의 수를 늘리는 것을 생각해 볼 수 있습니다. 은닉층을 2층 이상으로 늘린 피드 포워드 신경망의 일종인 딥러닝은 후자의 방법으로 신경망의 크기를 키우는 것입니다.

5.2절에서는 2-4-1의 3층 구조의 피드 포워드 신경망을 살펴보았습니다. 이때는 모두 17개의 가중치 추정이 필요했습니다. 여기서 은닉층의 노드 수를 8개로 한 2-8-1의 피드 포워드 신경망을 생각해 보겠습니다. 입력층 2개의 노드에서 은닉층 8개의 노드로의 입력에 곱해지는 가중치는 24개, 은닉층과 출력층 사이의 가중치는 9개이기 때문에 합계 33개의 가중치가 있습니다. 노드 수를 4개 늘린 것뿐이지만, 추정 대상이 되는 가중치의 수는 16개나 늘어났습니다. 그림 5.6에는 2-8-1의 피드 포워드 신경망의 모식도를 그리고 있습니다.

똑같이 4개 노드를 늘린 경우라도 은닉층에서 병렬로 노드를 늘리는 것이 아니라 층을 늘려봅니다. 즉 2-4-4-1의 피드 포워드 신경망을 생각해보겠습니다. 편리상 입력층을 제 1층으로 하고 차례로 제 2층, 제 3층, 제 4층으로 하겠습다. 제 1층에서 제 2층으로의 입력 신호에 곱해지는 가중치의 수는 제 2층의 각 노드의 상수항까지 포함하면 12개가 됩니다.

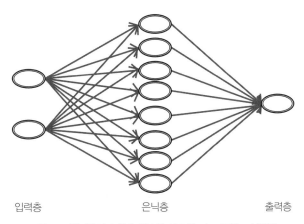

입력층　　　　　　　　　은닉층　　　　　　　　출력층

그림 5.6 은닉층의 수를 늘린 3층 구조의 피드 포워드 신경망

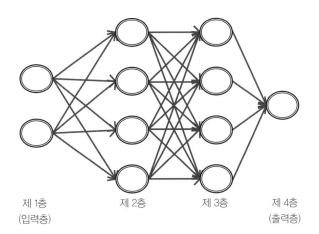

제 1층　　　　제 2층　　　　제 3층　　　　제 4층
(입력층)　　　　　　　　　　　　　　　　　　　(출력층)

그림 5.7 층을 늘린 4층 구조의 피드 포워드 신경망

제 2층에서 제 3층으로의 입력 신호에 곱해지는 가중치의 수는 각각 층의 노드 수가 4이기 때문에 제 3층의 노드의 상수항을 포함해서 20개가 됩니다. 마지막으로 제 3층에서 제 4층으로의 입력 신호에 곱해지는 가중치의 수는 5이기 때문에 모두 더하면 37개의 가중치를 추정할 필요가 있습니다.

2-4-1의 피드 포워드 신경망의 가중치가 17개였던 것에 비교하면 각각의 신경망에 노드의 수가 4개 늘어나 있지만 2-8-1 피드 포워드 신경망처럼 층의 수를 늘리지 않고 병렬로 노드를 나열한 경우는 가중치의 증가수가 16개였지만 층의 수를 1개 늘린 2-4-4-1 피드 포워드 신경망은 가중치의 수가 20개 늘고 있습니다.

우선 사용한 신경망에 기대하는 결과를 얻을 수 없었던 경우에는 노드 수를 늘려서 네트워크를 크게 하는 것을 생각할 수 있지만 은닉층의 노드 수를 늘려가는 것보다도 층을 늘리는 쪽보다 복잡하고 큰 신경망을 구축하기 쉽습니다. 층을 늘리는 것에 비해 추정해야 하는 가중치의 수는 현격하게 늘어나게 됩니다. 하지만 피드 포워드 신경망의 형태를 무너뜨리지 않으면 출력 노드에서 순서대로 고정해서 가중치를 구하는 오차 역전파법을 사용하는 것이 가능합니다. 다만 가중치의 수가 늘어난 만큼 각 단계에서 계산량이 늘어나게 되는 것은 주의해야 합니다.

신경망을 크게 하면 학습의 정확도는 높아지지만, 딥러닝에서는 노드의 수가 늘어나는 것뿐만 아니라 층도 늘어나기 때문에 입력 노드에서의 신호가 출력 결과에 어떤 영향을 주고 있는지를 확인하는 것이 매우 어렵습니다. 즉, 기계가 학습한 결과로서 각 입력(설명변량)을 어떻게 해석해서 분류하고 있는지 모르기 때문에 추측을 위해서 사용하는 경우에는 아무런 근거도 없이 기계의 학습 결과를 믿을 수밖에 없는 상황이 됩니다. 처음부터 머신러닝의 목적 중 하나로 지금까지 인간이 해왔던 물건이나,

일의 좋고 나쁨을 판단하는 것과 같은 일을 기계에게 맡기는 것을 들고 있었기 때문에 반드시 기계가 학습한 방식을 인간이 이해할 필요는 없을지도 모릅니다. 신경망을 이용하면 어떤 해를 얻을 수 있고, 또한 신경망을 크게 하는 것으로 복잡한 문제를 푸는 것도 이론적으로는 가능합니다. 하지만 판단을 기계에게 맡기는 것과 판단의 틀 자체를 블랙박스화 하는 것은 같은 의미가 아니기 때문에 자신이 어떤 해답을 얻고 싶은 것뿐인지 그렇지 않으면 어떤 판단의 틀에 의해서 값이 나왔는가 하는 방식까지 알고 싶은지 자신이 집중하고 있는 문제의 목적을 잘 생각하고 이용해야 한다는 것을 명심해야 합니다.

컬럼 : 신경 세포(뉴런)와 신경망

이번 장의 서론에서 신경망은 신경세포(뉴런)의 시스템을 모방한 수리 모델이라고 소개했습니다. 하지만 신경망은 계속 진화하고 있기 때문에 이번 장에서 다룬 피드 포워드 신경망을 공부한다고 해도 실제 신경세포 시스템과의 관계를 이해하는 것은 어려울지도 모릅니다. 이 컬럼에서는 단순한 초기의 신경망을 소개하고 신경망과 신경세포 시스템과의 관련성에 대해서 간단히 언급하고자 합니다.

우선 신경세포의 시스템을 간단하게 설명하겠습니다. 신경세포 시스템에서는 다수의 뉴런이 존재하고 있고 각각 연결되어 있습니다. 뉴런은 다른 뉴런에서 전기신호에 의한 자극을 받고 있지만 어떤 뉴런이 전기신호를 송신하는지 그렇지 않은지는 그 뉴런이 받은 자극의 합계가 특정 임계값(threshold)을 넘었는지 아닌지로 정해집니다.

초기 신경망에서는 뉴런을 모방한 노드를 도입해서 노드 간의 자극 전달에 대해서는 어떤 노드에 입력된 신호의 합계가 특정의 임계치보다도 큰 경우에는 1을, 그 이하이면 0을 출력하도록 정의되어 있습니다. 즉 어떤 노드에서 n개의 신호가 입력되었을 때 각 입력 신호 x_i에 곱해지는 가중치 w_i와 상수항의 가중치 w_0를 이용하면 그 노드로의 자극의 합계는 $\sum_{i=1}^{n} w_i x_i + w_0$ 라고 표현할 수 있습니다. 5.1절에서 나타낸 식과 형태는 같지만 입력 신호 x_i가 0이나 1, 2개의 값만 취하는 점에 주의가 필요합니다. 노드 고유의 임계치를 정수항의 가중치로 대체하면 신호를 송신하는지 아닌지는 자극의 합계가 0 이상인지 아닌지로 판정됩니다. 여기서 변수 z가 0 이상일 때에는 1, 0 미만일 때는 0을 취하는 계단함수 $I(z)$을 이용하면 어떤 노드에서의 출력 신호는 $I\left(\sum_{i=1}^{n} w_i x_i + w_0\right)$ 라고 표현할 수 있습니다.

그렇다면 간단한 예를 들어서 신경망 상에서 노드와 가중치가 어떻게 구성되어 있는지를 생각해 봅니다. 더 단순한 신경망의 예로서 그림 5.8처럼 2개의 입력 노드와 1개의 출력 노드만을 가지는 단순한 신경망을 도입합니다.

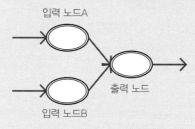

입력 노드A

출력 노드

입력 노드B

그림 5.8 단순한 신경망의 예

우선 논리곱 AND를 구현하는 신경망을 생각해 봅니다. 논리곱이란 표 5.1에서 나타낸 것처럼 입력된 2개의 신호가 양쪽 모두 1인 경우만 출력 노드에서 출력이 1이 되고 입력의 한쪽이라도 0인 경우는 0이 출력되는 논리 연산입니다.

논리곱은 그림 5.9에 나타낸 것처럼 출력 노드의 상수항의 가중치를 −1.5로 설정하는 것으로 구현할 수 있습니다. 지금 한쪽의 입력 노드에만 값 1의 신호가 입력되어 다른 쪽이 0인 경우에는 출력 노드에 입력된 자극합계는 상수항의 가중치를 고려하면 −0.5가 되기 때문에 임계치 0을 넘지 못하고 출력 노드에서는 0이 출력됩니다. 또 2개의 입력 노드의 값이 1의 신

호가 입력되면 출력 노드에 입력된 자극의 합계는 상수항의 가중치를 고려
하면 0.5가 되어 임계치 0을 넘기 때문에 출력 노드에서는 1이 출력됩니다.

이어서 논리합 OR을 생각해 보겠습니다. 논리합은 표 5.2에 나타낸 것처
럼 입력의 어느 한쪽이 1인 경우에는 1이 출력되고 입력 양쪽 모두 0인 경
우만 0이 출력되는 논리연산입니다. 논리합은 그림 5.10처럼 출력 노드의
상수항을 -0.5로 하면 구현할 수 있습니다. 어느 한쪽의 입력 노드에만 값
1의 신호를 입력하고 다른 쪽이 0인 경우에는 출력 노드에 입력된 자극의
합계는 정수항의 가중치를 고려하더라도 0.5가 되고 0 이상이 되기 때문에
출력 노드에서 1이 출력되는 것이 됩니다. 물론 양쪽의 입력 노드에 값 1의
신호가 입력되면 출력 노드에 입력되는 신호의 합계는 2, 상수항의 가중치
가 -0.5이기 때문에 자극의 합계는 1.5로 0 이상이 되어 출력 노드에서는
1이 출력됩니다.

입력A	입력B	출력
1	1	1
0	1	0
1	0	0
0	0	0

표 5.1 논리곱 AND

입력A	입력B	출력
1	1	1
0	1	1
1	0	1
0	0	0

표 5.2 논리합 OR

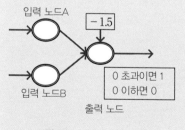

그림 5.9 논리곱의 네트워크

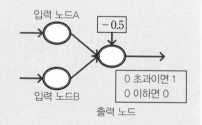

그림 5.10 논리합의 네트워크

이렇게 논리곱과 논리합은 가중치를 고민하는 것으로 단순한 신경망으로 구성할 수 있습니다.

다음은 조금 복잡한 논리연산인 배타적 논리합 XOR을 생각해 봅니다. 배타적 논리합은 표 5.3처럼 입력의 한쪽만 1일 때만 출력값이 1이 되어 출력의 양쪽이 1 또는 0일 때는 출력값이 0이 됩니다.

사실 배타적 논리합은 그림 5.8에서 나타내었던 단순한 신경망으로는 구성할 수 없습니다. 초기의 신경망에서는 그림 5.11의 왼쪽 그림 (a)처럼 출력 노드와 마찬가지로 임계치에 의해서 신호를 출력이 제어되는 중간 노드가 도입되었습니다.

설정하는 가중치에 대해서는 그림 5.11의 오른쪽 그림(b)로 나타냈습니다.

입력A	입력B	출력
1	1	0
0	1	1
1	0	1
0	0	0

표 5.3 배타적 논리합 XOR

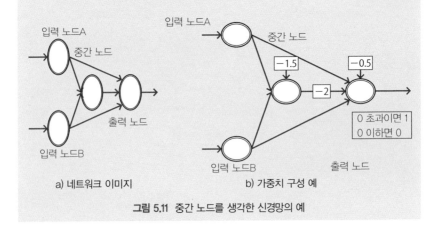

a) 네트워크 이미지　　　　b) 가중치 구성 예

그림 5.11 중간 노드를 생각한 신경망의 예

그럼 배타적 논리합이 구성되어 있는지를 조사해 보겠습니다.

우선 어느 한 쪽만 값 1을 입력하고 다른 쪽은 0일 경우를 생각해 봅니다. 중간 노드에 합계 1의 자극이 전달되지만 중간 노드의 상수항의 가중치 −1.5를 고려하면 중간 노드의 자극의 합계는 임계치 0을 넘을 수 없고 중간 노드는 신호를 송신하지 않습니다.

그 결과 출력 노드에 전달되는 자극은 한쪽의 입력 노드에서 직접 전달되는 자극뿐이고 그 합은 1이 되기 때문에 출력 노드의 상수항의 가중치 −0.5를 고려해도 임계치 0을 넘기 때문에 출력 노드에서는 1의 값이 출력됩니다.

다음은 출력 노드 A, B 모두 1을 입력한 경우를 생각해 보겠습니다. 중간 노드에는 합계 2의 자극이 전달되고 중간 노드의 상수항의 가중치 −1.5를 고려해도 자극의 합계는 정수 값을 취하기 때문에 중간 노드에서는 1의 값이 송신됩니다. 하지만 중간 노드에서 출력 노드의 경로에는 −2의 가중치가 걸려있기 때문에 결과적으로 중간 노드는 −2의 자극을 출력 노드에 전달합니다. 다른 쪽 입력 노드에서 출력 노드에 직접 전달하는 자극의 합계는 2입니다. 출력 노드의 상수항 가중치는 0.5이기 때문에 입력 노드와 중간 노드 2개의 자극을 고려하면 결과적으로 출력 노드로 전해진 자극의 합계는 −0.5가 되기 때문에 임계치 0을 넘을 수 없고 출력 노드에서는 신호가 출력되지 않습니다.

이처럼 중간 노드를 도입하는 것으로 배타적 논리합을 표현할 수 있었습니다. 다만 여기서 보여준 신경망은 입력 노드가 중간 노드를 뛰어 넘어서 직접 출력 노드로 이어지는 경로가 있고 네트워크의 구조가 복잡하게 되어 있습니다. 그래서 5.2절에서 도입한 3층 구조의 2-2-1 피드 포워드 신경망(그림 5.12의 왼쪽 그림(a)를 참조)을 이용해서 배타적 논리합을 구성해 봅니다.

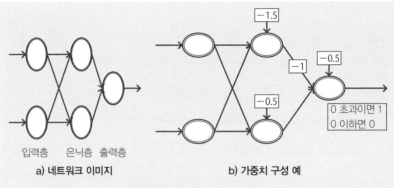

a) 네트워크 이미지

입력층 은닉층 출력층

b) 가중치 구성 예

−1.5

−1

−0.5

−0.5

0 초과이면 1
0 이하면 0

그림 5.12 3층 구조의 신경망의 예

그림 5.12의 오른쪽 그림 (b)에 배타적 논리합을 구현한 가중치의 예를 표현했으니 확인해 봅니다.

우선 한쪽의 입력이 1, 또 한쪽의 입력 신호가 0인 경우를 생각합니다. 은닉층 위쪽 노드의 입력 신호의 합은 1이지만 상수항의 가중치는 −1.5이 기 때문에 해당 노드로 입력되는 자극의 합계는 −0.5가 되어 임계치 0을 넘지 않고 이 노드에서의 출력 신호의 값은 0이 됩니다. 한편으로 은닉층 아래쪽의 노드로의 입력 신호의 합계는 마찬가지로 1이지만 해당 노드의 상 수항의 가중치는 −0.5이기 때문에 자극의 합계는 0.5로 양수값이 되고 출 력 노드를 향해서 값 1의 신호가 송신됩니다. 그 결과 출력 노드로의 입력 신호의 합계는 1이 되고 상수항의 가중치인 −0.5를 고려해도 양수값을 취 하기 위해 출력 노드에서는 값 1의 신호가 출력됩니다.

다음으로 2개의 노드의 양쪽에 1의 신호를 입력한 경우를 생각해 봅니 다. 은닉층의 위쪽 노드에는 합계한 값이 2인 신호가 입력되기 때문에 상수 항의 가중치 −1.5를 고려해도 자극의 합계는 0.5로 양수 값을 취하고 출력 노드를 향해서 값 1인 신호가 송신됩니다. 은닉층 아래쪽의 노드로 입력되 는 신호의 합계는 2이기 때문에, 상수항의 가중치 −0.5를 고려하면 자극의 합계는 1.5로 양수값이 됩니다. 따라서 아래쪽의 노드에서도 값이 1인 신호가 송신됩니다. 출력 노드로의 입력 신호는 은닉층 위쪽의 노드에서의 신호에 대해서 가중치 −1이 곱해져 있기 때문에 아래 쪽의 노드에서 신호와 합계하면 값이 0이 됩니다. 출력 노드의 상수항의 가중치는 −0.5이기 때문에 자극의 합계가 음수값이 되고 출력 노드에서 송신되는 신호의 값이 0이 됩니다.

이와 같이 네트워크의 구성을 복잡하게 하는 것으로 배타적 논리합과 같이 조금 복잡한 논리연산을 표현할 수 있었습니다. 이렇게 초기의 신경망이라도 그 구성을 복잡하게 하면 더욱 복잡한 문제를 풀고 두 값의 분류 문제에도 응용할 수 있을 것 같지만 현재로는 거의 사용되지 않습니다. 왜냐하면 각 노드의 출력 신호의 형태가 자극의 합계에 계단함수를 적용한 것이기 때문에 5.3절에서 소개한 오차 역전파법을 이용해서 가중치에 관한 미분연산을 할 수 없어 가중치의 추정이 어려워지기 때문입니다. 그래서 현재로는 로지스틱 시그모이드 함수와 같이 미분연산을 하기 쉬운 함수가 채용되고 있습니다. 또 로지스틱 시그모이드 함수는 0에서 1까지의 값을 취하기 때문에 초기 신경망에서 생각한 0과 1만 출력하는 노드의 사고방식을 확장한 것이라고도 생각할 수 있습니다.

설명변량의 추가와
예측 정확도의 평가

지금까지는 분류 문제 및 분석 방법에 대한 설명을 쉽게 이해할 수 있도록 설명변량을 2개로 한정해서 설명했습니다. 그 덕분에 선형 판별 분석, 서포트 벡터 머신은 평면상에 있는 점의 분류 문제로 생각할 수 있었습니다. 하지만 설명변량이 2개로 한정하지 않고, 지금까지 소개한 머신러닝 방법은 3개 이상의 설명변량을 가지는 분류의 문제에 대해서도 적용 가능합니다.

그래서 이번 장에서는 설명변량의 수를 늘린 문제에 대해서 지금까지 살펴보았던 분류 방법들을 이용해서 풀어보겠습니다.

CHAPTER 6.1
설명변수를 늘리다

6.1.1 분류 문제의 재설정

지금까지 이용해 온 기업의 신용도를 분류하기 위한 2개 지표에 추가로 3개의 지표를 더해서

- 수익성 지표
- 지급능력 지표
- 효율성 지표

총 5개의 지표로 기업의 신용도를 분류하고자 합니다. 5개 지표의 계산 방법을 표 6.1로 정리했습니다.

지표명	구성법
수익성 지표	당기순이익 ÷ 총자산
안전성 지표	총부채 ÷ 총자산
유동성 지표	현금·예금 ÷ 총자산
지급능력 지표	(영업이익 + 수취이자) ÷ 지급 이자
효율성 지표	재고 자산 ÷ 판매액

표 6.1 재무 데이터로 작성한 5개 지표

객체 Data.all에는 기업의 신용도를 분류하는 레이블인 Status와 5개의 지표가 보관되어 있습니다.

```
> dim(Data.all)
[1] 87  6
> names(Data.all)
[1] "Status"   "수익성"   "안전성"   "유동성"   "지급능력"   "효율성"
```

정의에 따라서 작성한 5개의 지표가 어떻게 수치가 되는지를 조사해 봅니다. 레이블인 Status, 즉 객체 Data.all의 첫 번째 열을 제외하고 5개 지표의 수치 개요를 조사해 봅니다. 수치의 개요를 조사하려면 summary 함수를 이용합니다. summary 함수는 분석 결과의 자세한 내용을 확인할 때에도 사용하지만 수치만 보관되어 있는 객체에 적용하면 평균값이나 중앙값 등의 기본 통계량을 산출합니다.

```
> summary(Data.all[,-1])
      수익성            안전성            유동성            지급능력            효율성
 Min.   :-0.12253 Min.   :0.1793 Min.   :0.01004 Min.   :-1330.860 Min.   :0.001916
 1st Qu.: 0.02843 1st Qu.:0.3810 1st Qu.:0.05901 1st Qu.:    5.635 1st Qu.:0.045711
 Median : 0.05732 Median :0.4865 Median :0.10422 Median :   17.631 Median :0.111265
 Mean   : 0.05621 Mean   :0.5182 Mean   :0.12487 Mean   :   75.997 Mean   :0.165871
 3rd Qu.: 0.08236 3rd Qu.:0.6799 3rd Qu.:0.17258 3rd Qu.:   97.108 3rd Qu.:0.167129
 Max.   : 0.16656 Max.   :1.0199 Max.   :0.47540 Max.   :  907.400 Max.   :2.595265
```

표시된 기본통계량의 최소값은 Min, 최대값은 Max, 중앙값은 Median, 평균값은 Mean에 표시됩니다. 가장 작은 값에서부터 25%의 점을 1st Qu, 가장 큰 값에서 25%의 점(최소값에서 75%의 점)을 3rd Qu로 표시합니다.

표시된 수치 개요에는 지급능력 지표가 다른 변량과 비교해서 절대값으로서 매우 큰 값을 취하고 있는 것을 알 수 있습니다. 일반적으로 값이 큰 변량에 대해서는 로그 변환을 하는 경우가 많지만 지급능력 지수가 0 이하의 값을 취할 수 있기 때문에 로그 변환은 하지 않습니다. 그래서 음수의 경우를 고려한 로그 변환, 음의 로그 변환 ngl(negative logarithmic transformation)을 실시합니다.

음의 로그 변환

$$ngl(x) = \begin{cases} \log(1 + x) & x > 0 \\ -\log(1 - x) & x \leq 0 \end{cases}$$

음의 로그 변환을 나타내는 $ngl(x)$ 함수는 변수 x가 0일 때에는 $ngl(0) = -\log(1) = 0$이 됩니다. $x > 0$이라면 1을 더한 수로 로그 변환 $ngl(x) = \log(1+x)$, $x < 0$이라면 절대값에 1을 더한 로그 변환 $ngl(x) = \log(1-x)$에 마이너스를 붙인 형태가 되고, 원점(0, 0)을 중심으로 한 점대칭의 형태를 취하고 기함수가 됩니다.

그렇다면 지급능력 지표로 음의 로그 변환을 해보겠습니다.

```
> X1=Data.all[,5]
> Z1=rep(NA,length(X1))
> for(i in 1:length(X1)){
+ Z1[i]=if(X1[i]>0){log(1+X1[i])}else{-log(1-X1[i])}
+ }
```

첫 번째 행은 객체 X1에 지급능력 지표를 복사, 두 번째 행은 X1과 같은 길이로 요소가 모두 NA인 객체 Z1을 준비합니다. Z1에는 지금부터 계산할 음의 대수변환을 한 결과를 보관합니다. 세 번째 행부터 다섯번째 행에 걸쳐서는 X1의 요소를 1개씩 취해, 값이 양수인지 그 이외의 값인지를 판정하고 음의 로그 변환을 한 값을 Z1에 대입합니다.

이 명령을 모두 실행하는 것으로 Z1에 음의 로그 변환을 한 지급능력 지표가 보관됩니다. 그러면 지급능력 지표에만 음의 로그 변환을 한 Data5를 작성해 봅니다.

```
> Data5=Data.all
> Data5[,5]=Z1
```

음의 로그 변환 결과를 확인합니다. 우선 상자그림으로 나타내겠습니다. 그림 6.1의 왼쪽은 지급능력 지표, 오른쪽은 음의 로그 변환을 한 지급능력 지표의 상자그림입니다. 왼쪽의 지급능력 지표의 상자그림에서는 크게 벗어난 값이 여기저기 흩어져 있는 상태인 것을 알 수 있습니다. 한편 오른쪽의 음수 로그 변환을 실시한 지급능력 지표의 상자그림을 확인하면 크게 벗어난 점이 거의 없어지고 값이 0 근처에 모여 있는 것을 알 수 있습니다.

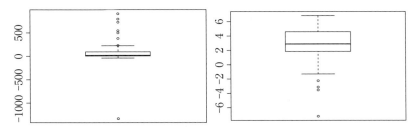

그림 6.1 음의 로그 변환의 결과

다음으로 지급능력 지표에 음의 로그 변환을 실시한 객체 Data5의 5개 지표의 수치개요를 확인하겠습니다.

```
> summary(Data5[,-1])
        수익성            안전성            유동성            지급능력           효율성
 Min.   :-0.12253  Min.   :0.1793  Min.   :0.01004  Min.   :-7.194  Min.   :0.001916
 1st Qu.: 0.02843  1st Qu.:0.3810  1st Qu.:0.05901  1st Qu.: 1.892  1st Qu.:0.045711
 Median : 0.05732  Median :0.4865  Median :0.10422  Median : 2.925  Median :0.111265
 Mean   : 0.05621  Mean   :0.5182  Mean   :0.12487  Mean   : 2.812  Mean   :0.165871
 3rd Qu.: 0.08236  3rd Qu.:0.6799  3rd Qu.:0.17258  3rd Qu.: 4.584  3rd Qu.:0.167129
 Max.   : 0.16656  Max.   :1.0199  Max.   :0.47540  Max.   : 6.812  Max.   :2.595265
```

다른 지표와 비교해서 최대값과 최소값의 절대값이 크지만, 극단적으로 큰 값을 취하지 않도록 잘 보정 할 수 있었습니다.

마지막으로 객체 Data5의 내용을 확인해 보겠습니다.

```
> Data5
    Status     수익성         안전성          유동성         지급능력          효율성
1        1  0.127836284  0.2690395  0.20507927  5.2070979  0.027024673
2        1  0.067072999  0.6316404  0.07903855  3.5880417  0.213001750
3        1  0.081074567  0.4407282  0.10157981  4.8935431  0.411639753
4        1  0.046502229  0.3105586  0.07752313  4.7483269  0.144956514
                              :
                              :
84       0  0.079465326  0.7187881  0.12123620  3.7178882  0.113388106
85       0  0.023861165  0.8376152  0.10422372  1.7149953  0.032035471
86       0  0.035135358  0.7148737  0.06282807  2.2247405  0.015021834
87       0  0.048570757  0.8307221  0.12409249  1.1840953  0.039270451
```

```
> dim(Data5)
[1] 87  6
> names(Data5)
[1] "Status"  "수익성"   "안전성"   "유동성"   "지급능력" "효율성"
> table(Data5$Status)
```

```
0  1
23 64
```

dim 첫 번째의 요소는 행수를 반환하기 때문에 87개 기업의 데이터라는 것을 알 수 있습니다. 또 names의 표시를 보고 알 수 있는 것처럼 Data5에는 신용도의 고저를 나타내는 Status 이외에 5개의 지표가 보관되어 있습니다. 더해서 Status에 대한 도수분포표에서 신용도가 낮은 기업 수가 23개, 높은 기업 수가 64개 있다는 것도 확인할 수 있습니다.

이 객체 Data5를 이용해서 다음 절에서는 이전 장까지 소개한 4개의 분류 방법을 Data5에 적용하면서 분석상에서 주의점이나 2개의 지표로 분류했던 때와의 차이를 확인해 보겠습니다.

6.1.2 각 분류법의 적용

지난 3장에서는 설명변량이 2개의 지표일 때 분류를 살펴보았습니다. 설명변량이 2개인 경우에는 각각이 레이블의 2차원 평면상의 점이라고 보고, 경계(직선)를 그어서 2개의 그룹으로 분할하는 것으로 분류 문제를 해결했습니다. 이번에는 설명변량이 5개이기 때문에 평면상의 점을 직선으로 분할하는 것이 아니라 5차원 공간 안의 점을 어떤 평면에서 분할하는 것이 됩니다. 이 5차원 공간의 점을 인간이 상상하는 것은 매우 어렵기 때문에 시각적으로 표현하는 사고방식에서 벗어날 필요가 있습니다. 그렇다면 설명변량을 늘린 경우의 선형 판별 분석과 서포트 벡터 머신, 이 2가지 방법에 대해서 생각해 봅니다.

선형 판별 분석

설명변량이 2개 지표인 경우, 선형 판별 분석에서는 평면상의 점을 2개의 그룹으로 나누는 직선을 긋는 것으로 분류를 실행했습니다. 설명변량이 늘어난 경우에도 선형 판별 분석의 사고방식은 변하지 않습니다. 2차원 평면이 5차원 공간으로 바뀐 것뿐이고 분류를 가능하게 하는 직선으로의 사영을 고려하는 것도 바뀌지 않습니다. 그렇기 때문에 설명변량의 수가 늘어나도 **R** 상에서 선형 판별 분석을 하는 lda 함수를 사용합니다.

그렇다면 객체 Data5에 대해서 선형 판별 분석을 적용해 봅니다. 우선 선형 판별 분석을 실행할 lda 함수를 이용하기 위해서 필요한 패키지 MASS를 읽어들입니다.

```
> library(MASS)
```

다음으로 선형 판별 분석을 실행합니다. lda 함수에 전달한 모델식과 객체가 다른 것 이외는 2개의 설명변량일 때와 같습니다. 여기서는 5개의 설명변량으로 선형 판별 분석을 실행하기 때문에 결과를 보관하는 객체를 result.lda5라고 하겠습니다.

실제의 입력 내용과 출력 결과를 확인해 보겠습니다.

```
> result.lda5=lda(Status~., data=Data5)
> result.lda5
Call:
lda(Status ~ ., data = Data5)

Prior probabilities of groups:
        0         1
0.2643678 0.7356322
```

```
Group means:
         수익성        안전성        유동성  지급능력       효율성
0 0.01234043 0.7570454 0.1441246 1.101418 0.2938310
1 0.07197185 0.4323989 0.1179445 3.426848 0.1198851

Coefficients of linear discriminants:
                    LD1
수익성     2.235009800
안전성    -7.207820145
유동성    -6.410134530
지급능력  -0.004830883
효율성    -0.312410103
```

설명변량을 5개 지표로 늘린 경우의 신용도가 있는 기업의 그룹(그룹 1)
과 그렇지 않은 그룹(그룹 0)의 분류에 대한 선형 판별 분석의 결과가 표
시됩니다.

설명변량의 수에 관계없이 선형 판별 분석의 결과를 이용한 예측을 얻기
위해서는 분석 결과의 객체 result.lda5에 predict 함수를 적용합니다.
3.1.2절처럼 레이블의 그룹에 따른 상자그림을 확인합니다.

레이블이 보관되어 있는 객체 Data5의 첫 열 값을 바탕으로 선형 판별 분
석으로 얻어진 평면(판별면)으로 사영한 점의 분포를 상자그림을 통해서
살펴봅니다.

```
> boxplot(split(predict(result.lda5)$x,Data5[,1]),col=grey(0.8))
```

위와 같이 입력하면 그림 6.2로 나타낸 2개의 상자그림을 얻을 수 있습
니다.

2개 그룹의 상자그림은 서로 영역의 일부가 겹쳐버렸기 때문에 이번 선형
판별 분석에서도 완전하게 2개로 분류되지 않는 것을 알 수 있습니다.

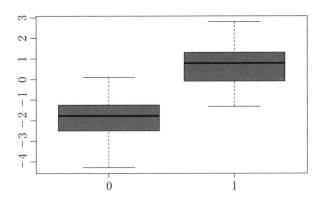

그림 6.2 5개의 지표를 이용한 선형 판별 분석의 분류 모습

이어서 예측 결과와 레이블의 교차표를 작성하고 이번 선형 판별 분석에 의한 분류의 결과를 확인하겠습니다.

```
> table (predict (result.lda5) $class, Data5$Status)

     0  1
  0 20  2
  1  3 62
```

정확도 관점으로 보면, 레이블에는 신용도가 없는 기업(그룹 0에 속하는 점) 23개 중 정확하게 분류된 수는 20개, 잘못 분류된 수는 3개입니다. 한편 레이블에서는 신용도가 있는 기업(그룹 1에 속하는 점)이 64개, 그 중 62개를 바르게 분류하고 2개 기업을 신용도가 없는 기업으로 잘못 분류했습니다. 즉, 총 87개의 기업 중 잘못 분류한 기업 수는 5개로 오분류율은 5.75%가 됩니다. 설명변량을 2개 지표로 한 경우의 분석 결과와 다르지 않기(3.1.2절의 결과와 비교) 때문에 이번 선형 판별 분석에 한정해서 말하면 설명변량을 추가한 효과는 없었다고 할 수 있습니다.

지금까지 확인한대로 설명변량의 수를 변경해도 선형 판별 분석을 이용하기 위한 입력 내용에는 큰 변경 없이 lda 함수에 전달되는 모델식을 수정하면 실행 가능하다는 것을 알 수 있었습니다. 하지만 얻은 분석 결과에서는 설명변량을 늘린 효과는 없고, 이 틀에서 분류한 정확도를 향상시키려면 다른 지표를 도입하는 등 다른 수단을 생각할 필요가 있는 것 같습니다.

선형 판별 분석을 이용한 분석은 여기까지 하고, 다른 분류 방법도 확인해 보겠습니다.

서포트 벡터 머신

이어서 새로운 데이터 세트인 Data5에 서포트 벡터 머신을 적용한 분류를 생각해 봅니다.

서포트 벡터 머신을 이용하기 위한 ksvm 함수를 사용하려면 2개의 라이브러리를 읽어 옵니다.

```
> library(kernlab)
> library(mlbench)
```

또 설명변량을 매트릭스형으로, 피설명변량을 팩터형으로 변경해야 합니다.

```
> X=as.matrix(Data5[,-1])
> Y=as.factor(Data5[,1])
```

이것으로 서포트 벡터 머신을 사용할 준비가 되었습니다. 그렇다면 설명변량을 5개로 늘리고 서포트 벡터 머신을 이용해서 분류해 봅니다.

우선 선형 커널을 이용한 서포트 벡터 머신으로 분류해 봅니다. 분석 결과는 객체 result.svm5.v에 보관하고, 선형 커널을 이용하기 위해서는 ksvm 함수의 인수 kernel에 "vanilladot"을 지정합니다.

```
> result.svm5.v=ksvm(x=X,y=Y,type="C-svc",kernel="vanilladot")
 Setting default kernel parameters
> result.svm5.v
Support Vector Machine object of class "ksvm"
SV type: C-svc  (classification)
 parameter : cost C = 1

Linear (vanilla) kernel function.

Number of Support Vectors : 22

Objective Function Value : -17.4138
Training error : 0.08046
```

서포트 벡터 머신으로 분류 결과에 근거한 예측 값을 얻기 위해서는 설명변량을 2개의 지표로 했었던 때와 마찬가지로 서포트 벡터 머신에서의 분석 결과가 보관된 객체 result.ksvm5.v에 predict 함수를 적용합니다. 예측 결과와 레이블을 비교해서 분류정확도를 확인해 봅니다.

```
> table(predict(result.svm5.v),Y)
   Y
    0  1
  0 18  2
  1  5 62
```

레이블에서는 신용도가 없는 기업 수는 23개, 신용도가 있는 기업은 64개라고 되어 있습니다. 서포트 벡터 머신으로 분류한 예측값에서는 20개의 기업이 신용도가 없고 67개의 기업이 신용도가 있다고 분류되었습니다. 그 중 원래라면 신용도가 없음에도 불구하고 신용도가 있다고 분류해 버린 기업 수는 5개, 반대로 신용도가 있음에도 불구하고 신용도가 없다고 분류된 기업 수는 2개가 됩니다. 잘못 분류한 기업 수는 7개가 되고 총 기업 수 87개에 대한 오분류율은 8.46%입니다. 설명변량이 2개 지표였을 때에 잘못 분류했던 기업은 6개였고 오분류율은 6.90%였기 때문에 분류 정확도는 나빠졌습니다(3.2.4절의 결과와 비교). 이번 문제에서는 설명변량을 단순하게 늘려도 분류의 정확도가 향상되지 않고 오히려 나쁜 영향을 주게 된 예가 되었습니다.

이어서 가우시안 커널을 이용한 서포트 벡터 머신의 분류 문제를 풀어봅니다. 가우시안 커널을 이용하기 위해서는 ksvm 함수의 인수 kernel에 "rbfdot"을 지정합니다.

```
> result.svm5.r=ksvm(x=X,y=Y,type="C-svc",kernel="rbfdot")
> result.svm5.r
Support Vector Machine object of class "ksvm"

SV type: C-svc (classification)
 parameter : cost C = 1

Gaussian Radial Basis kernel function.
 Hyperparameter : sigma =  0.539374430828856

Number of Support Vectors : 48

Objective Function Value : -21.9788
Training error : 0.057471
```

앞서 마찬가지로 서포트 벡터 머신에서의 분석 결과를 보관하고 있던 객체 result.ksvm5.r에 predict 함수를 적용한 예측 결과와 레이블을 비교해서 분류 정확도를 확인합니다.

```
> table (predict (result.svm5.r) ,Y)
   Y
    0  1
  0 19  1
  1  4 63
```

가우시안 커널을 이용한 서포트 벡터 머신으로 분류한 예측값은 신용도가 없는 기업 수가 20개, 신용도가 있는 기업 수가 67개이고 기업의 분류 수에서는 선형 커널을 이용한 경우와 분류된 수가 같습니다. 하지만 레이블과 비교하면 원래 신용도가 없음에도 불구하고 신용도가 있다고 분류된 기업 수는 4개, 또 원래 신용도가 있음에도 신용도가 없다고 분류된 기업 수는 1개로 잘못 분류된 기업 수가 각각 1개씩 줄어 총 5개입니다. 따라서 총 기업 수 87개에 대한 오분류율은 선형 커널일 때보다도 향상된 5.75% 가 됩니다. 하지만 설명변량이 2개 지표일 때에 가우시안 커널을 이용한 서포트 벡터 머신의 오분류율 4.60%보다 나쁘다는 점에 주의해야 합니다 (3.2.4절에서의 결과와 비교).

가우시안 커널을 이용했을 때 선형 커널을 이용한 서포트 벡터 머신을 이용할 때 보다 분류 정확도는 향상했습니다. 하지만 어느 쪽의 커널을 이용하더라도 설명변량이 2개였을 때보다 잘못 분류한 기업 수가 늘어났고 설명변량을 단순히 늘리는 것이 분류 정확도의 향상에 도움이 되지 않았습니다.

이번은 설명변량을 늘렸을 때 분류 정확도가 악화되었지만 반드시 설명변량을 늘리는 것이 나쁜 것은 아닙니다. 하지만 아무런 고려 없이 설명변량을 단순히 늘리는 것은 반드시 분류 정확도의 향상으로 이어지지 않는 경우도 있다라는 점은 충분히 주의해야 합니다.

로지스틱 회귀 모델

4장에서 언급한 것처럼 로지스틱 회귀 모델을 이용하기 위해서는 glm 함수에서 인수 family에 binomial을 지정합니다.

```
glm(모델식, data=객체이름, family=binomial)
```

이번 분석에서는 사용한 객체는 Data5이고 모든 설명변량, 즉 5개의 지표를 이용해서 분석을 합니다. 분석을 보관하는 객체를 result.glm5로 하고 아래와 같이 입력합니다.

```
> result.glm5 = glm (Status~.,family = binomial,data = Data5)
```

이것으로 result.glm5에 로지스틱 회귀 모델에 의한 파라미터 추정 결과가 보관되었습니다. 실제 결과를 보관한 result.glm5에 summary 함수를 적용해서 로지스틱 회귀 모델의 피팅 결과를 확인할 수 있습니다.

```
> summary(result.glm5)

Call:
glm(formula = Status ~ ., family = binomial, data = Data5)

Deviance Residuals:
     Min       1Q    Median       3Q      Max
-2.33844  -0.00001   0.05254   0.15541   1.78103

Coefficients:
            Estimate Std. Error z value Pr(>|z|)
(Intercept)  18.2888     5.2963   3.453 0.000554 * * *
수익성        20.1928    32.5107   0.621 0.534526
안전성       -23.1580     6.6232  -3.496 0.000471 * * *
유동성       -24.4337     9.0568  -2.698 0.006979 * *
지급능력      -0.1482     0.4673  -0.317 0.751162
효율성        -7.8059     5.5468  -1.407 0.159349
---
Signif. codes:  0 '* * *' 0.001 '* *' 0.01 '*' 0.05 '.' 0.1 ' ' 1

(Dispersion parameter for binomial family taken to be 1)

    Null deviance: 100.498  on 86  degrees of freedom
Residual deviance:  28.499  on 81  degrees of freedom
AIC: 40.499

Number of Fisher Scoring iterations: 8
```

유의 수준을 5%로 하고 계수의 가설검정 p값을 보면 안전성과 유동성을 제외한 3개의 지표가 "계수가 0"이라는 귀무가설을 기각할 수 없습니다. 즉 2개 이상은 통계적으로는 의미가 없는 변량이라는 것이 됩니다.

다음으로 5개의 지표를 이용한 로지스틱 회귀 모델에 의한 예측값과 레이블 데이터를 비교해 봅니다. 예측값을 얻기 위해서는 로지스틱 회귀 모델의 추정 결과가 보관되어 있는 객체 result.glm5에 predict 함수를 적용합니다. 거기에 4.2절에서 정의했던 sigmoid 함수를 적용하는 것으로 그룹 1에 속하는 확률로 변환합니다. 지금까지와 마찬가지로 50%이상의 확률을 가진 기업은 그룹 1에 속한다고 가정하는 것으로 하고 소수점 첫째 자리를 반올림하기 위한 round 함수를 확률의 계산 결과에 적용해 두겠습니다.

```
> xx=round(sigmoid(predict(result.glm5)))
```

로지스틱 회귀 모델의 예측 결과 x를 이용했던 분류와 실제의 해답인 레이블을 비교한 교차표를 확인해 봅니다.

```
> table(x=xx, y=Data5[,1])
   y
x   0  1
  0 19  3
  1  4 61
```

5개의 설명지표를 이용한 로지스틱 회귀 분석에 의한 분류에서는 신용도가 없는 기업 수가 22개 신용도가 있는 기업 수가 65개입니다. 레이블과 대조해보면 원래는 신용도가 없음에도 신용도가 있다고 판단된 기업 수가 4개, 반면 신용도가 있음에도 신용도가 없다고 판단된 기업은 3개여서 전체 87개의 기업 수 중에 잘못 판단된 비율은 8.05%가 되고 설명변량을 2개 지표로 했던 로지스틱 회귀 분석보다도 기업을 잘못 분류하는 비율이 높아져 있습니다(4.2절의 결과와 비교).

일반적으로는 설명변량을 늘리면 분류의 정확도가 높아진다고 생각하기 쉽지만 서포트 벡터 머신의 경우와 마찬가지로 로지스틱 회귀 모델에서도 그렇지 않았습니다. 그렇다면 이번 분류 문제를 푸는 로지스틱 회귀 모델에게 가장 적절한 설명변량의 수는 도대체 몇 개일까요?

다행히 R에 의한 로지스틱 회귀 모델의 피팅은 가장 적절한 것으로 보이는 설명변량의 수를 자동으로 조사하는 방법이 몇 개 준비되어 있습니다. 그 중에서도 이번에는 AIC(Akaike information criterion)이라는 지표를 이용한 방법에 대해서 소개하고자 합니다.

AIC는 예측을 행하는 관점에서 가장 적절한 설명변량의 수를 이끌어내기 위한 강력한 툴입니다. 특히 설명변량을 장난으로 늘리는 것에 대해서 일정의 벌칙이 부여되도록 설계되어 있기 때문에 단순히 설명변량이 늘어나버리는 것을 피할 수 있습니다.

사실 R상에서 로지스틱 회귀 분석을 실행하는 glm 함수를 이용하면 AIC를 계산합니다. 출력 결과 아래 2행에 기록된 'AIC: 40.499'가 그 AIC의 값입니다. AIC는 절대적인 양이 아니기 때문에 40.499라는 값 자체가 적정한 것인지를 판단할 수 없습니다. 하지만 상대 지표이기 때문에 모델간 AIC의 값을 비교하면 상대적으로 가장 좋은 모델은 선택할 수 있습니다. AIC는 잘 피팅된 모델일 수록 그 값은 작아집니다. 참고로 설명변량을 2개 지표로 했을 때 로지스틱 회귀 모델의 피팅 결과는 'AIC: 37.249'라고 기록되어 있습니다. 이 값은 앞서서 5개의 지표를 이용했던 로지스틱 회귀 모델의 피팅 결과인 'AIC: 40.499'보다도 작기 때문에 이 AIC의 값을 통해 5개 지표를 이용한 모델보다 2개 지표를 이용했던 모델 쪽이 좋은 모델이라고 판단할 수 있습니다.

이것보다도 피팅이 잘 된 모델은 있을까요? R에서는 AIC를 이용해서 자동으로 좋은 모델을 선택하는 step 함수가 준비되어 있습니다. 우선 처음에는 가장 많은 설명변량으로 로지스틱 회귀 모델을 피팅해서 그 결과가 들어 있는 객체를 준비해 보겠습니다.

그리고 다음을 입력합니다.

```
step(결과를 보관한 객체, direction="backward")
```

또 인수 direction은 모델 선택의 방향성을 정해 두고 있어서 "backward" 라는 설명변수를 1개씩 제외하는 방향으로 모델을 선택합니다.

이번에는 5개 지표를 이용한 로지스틱 회귀 모델의 추정 결과를 포함한 객체 result.glm5에 대해서 step 함수를 적용합니다.

```
> result.step5=step(result.glm5,direction="backward")
Start:  AIC=40.5
Status ~ 수익성 + 안전성 + 유동성 + 지급능력 + 효율성

           Df Deviance    AIC
- 지급능력   1   28.606  38.606
- 수익성     1   28.943  38.943
<none>           28.499  40.499
- 효율성     1   30.507  40.507
- 유동성     1   39.471  49.471
- 안전성     1   61.775  71.775

Step:  AIC=38.61
Status ~ 수익성 + 안전성 + 유동성 + 효율성

           Df Deviance    AIC
- 수익성     1   29.007  37.007
- 효율성     1   30.566  38.566
<none>           28.606  38.606
- 유동성     1   39.507  47.507
- 안전성     1   62.043  70.043
```

```
Step:  AIC=37.01
Status ~ 안전성 + 유동성 + 효율성

            Df Deviance    AIC
<none>           29.007  37.007
- 효율성     1   31.249  37.249
- 유동성     1   39.724  45.724
- 안전성     1   96.332 102.332
```

우선 기록되어 있는 AIC=40.5는 5개 지표를 모두 채용한 로지스틱 회귀 모델의 AIC의 값입니다. 다음에 나타나 있는 부분을 골라 확인해 봅니다.

```
            Df Deviance    AIC
- 지급능력   1   28.606  38.606
- 수익성     1   28.943  38.943
<none>           28.499  40.499
- 효율성     1   30.507  40.507
- 유동성     1   39.471  49.471
- 안전성     1   61.775  71.775
```

여기서는 어떤 1개의 지표를 뺀 AIC 값을 계산하고 있습니다. 뺀 쪽이 좋은 지표를 위에서 순서대로 표시하고 있습니다. 가장 위에 기록된 것처럼 지급능력을 빼는 경우가 가장 AIC가 작아져서 그 값이 38.606이 되었습니다. 〈none〉은 지표를 빼지 않는 경우를 가리키고 있습니다. 그 외의 효율성, 유동성, 안전성 중 어느 하나를 뺀 경우는 AIC가 커지고 있어서 모델의 피팅이 오히려 나빠지고 있는 것을 나타내고 있습니다.

이 단계를 거치면서 처음 5개 지표를 이용한 모델보다도 지급능력을 빼고 4개 지표를 이용한 모델 쪽이 나은 것을 알 수 있습니다.

```
Step: AIC=38.61
Status ~ 수익성 + 안전성 + 유동성 + 효율성
```

다음도 마찬가지로 4개의 지표에서 1개를 빼보겠습니다.

```
          Df Deviance    AIC
- 수익성   1   29.007  37.007
- 효율성   1   30.566  38.566
<none>          28.606  38.606
- 유동성   1   39.507  47.507
- 안전성   1   62.043  70.043
```

위에 볼 수 있는 것처럼 수익성을 빼는 편이 낫다는 것을 AIC의 값을 통해서 판단할 수 있습니다. 여기까지 봤을땐 아까의 지급능력과 이번의 수익성을 뺀 3개 지표를 채용한 모델이 좋은 것을 알 수 있었습니다.

```
Step:  AIC=37.01
Status ~ 안전성 + 유동성 + 효율성
```

여기서 더 지표를 빼는 쪽이 좋은지를 확인해 봅니다.

```
          Df Deviance     AIC
<none>          29.007  37.007
- 효율성   1   31.249  37.249
- 유동성   1   39.724  45.724
- 안전성   1   96.332 102.332
```

아무것도 빼지 않은 <none>이 가장 위에 표시되어 있고 3개의 지표 중에 1개라도 빠지면 AIC의 값이 증가합니다. 즉 지표를 빼도 더 이상 모델의 피팅이 좋아지지 않는 것을 알 수 있습니다.

여기서는 AIC에 의한 모델 선택이 종료되어 step 함수를 사용한 결과가 result.step5에 보관되었습니다. 그렇다면 result.step5의 내용을 확인해 봅니다. 지금까지와 마찬가지로 summary 함수를 적용하면 확인할 수 있습니다.

```
> summary(result.step5)

Call:
glm(formula = Status ~ 안전성 + 유동성 + 효율성, family = binomial,
    data = Data5)

Deviance Residuals:
    Min        1Q    Median        3Q       Max
-2.37184  -0.00001   0.05388   0.20130   1.67411

Coefficients:
            Estimate Std. Error z value Pr(>|z|)
(Intercept)   19.637      5.060   3.881 0.000104 * * *
안전성        -24.740      6.404  -3.863 0.000112 * * *
유동성        -22.613      8.041  -2.812 0.004919 * *
효율성         -8.017      5.391  -1.487 0.137022
---
Signif. codes: 0 ' * * * ' 0.001 ' * * ' 0.01 ' * ' 0.05 '.' 0.1 ' ' 1

(Dispersion parameter for binomial family taken to be 1)

    Null deviance: 100.498 on 86 degrees of freedom
Residual deviance:  29.007 on 83 degrees of freedom
AIC: 37.007

Number of Fisher Scoring iterations: 8
```

  가장 좋다고 판단된 모델은 안전성, 유동성, 효율성 지표 3개를 채용한
모델이 되고 AIC의 값은 37.007입니다. 이것은 안전성 지표와 유동성 지
표의 2개를 사용한 모델일 때의 AIC의 값 37.249와 비교해서 작은 값입
니다.

그렇다면 이 3개 지표에 의한 로지스틱 회귀 분석의 결과를 이용한 예측
값과 레이블을 비교해 봅니다.

```
> table(x=round(sigmoid(predict(result.step5))), y=Data5[,1])
   y
x   0  1
```

```
0 19  3
1  4 61
```

결론부터 말하면 5개의 설명지표를 이용한 로지스틱 회귀 분석에 의한 분류와 완전히 같은 결과가 되어 2개의 지표만을 이용한 경우와 비교해서 분류정확도가 향상되지 않은 것을 알 수 있습니다.

이렇게 지금까지의 모델에서는 설명변수를 아무리 늘려도 피팅이 향상하지 않는 것을 알 수 있었습니다. 이것은 다시 말하면 아무리 빅데이터를 가지고 온다고 해도 약이 아니라 오히려 독이 되는 경우도 많다는 것을 의미합니다.

신경망

마지막으로 신경망을 이용한 분류에 대해서 확인해 봅니다. 설명변량으로서 취급하는 지표가 5개가 되기 때문에 신경망의 입력층의 노드 수를 5개로 늘리겠습니다. 여기서는 은닉층의 노드 수를 8개로 하겠습니다. 출력층의 노드는 1개이기 때문에 총 14개의 노드가 있는 5-8-1 피드 포워드 신경망을 고려하는 것이 됩니다.

가중치의 수는 각각의 상수항을 포함해서 57개가 되고 이전 5장에서 살펴보았던 입력층의 노드 2개, 은닉층의 노드 4개, 출력층의 노드 1개일 때의 가중치 수인 17과 비교하면 매우 큰 네트워크라는 것을 알 수 있습니다.

그렇다면 신경망을 이용할 수 있도록 패키지를 읽어들입니다.

```
> library(nnet)
```

신경망을 이용하기 위한 nnet 함수에 데이터로서 Data5를 전달합니다. 은닉층의 노드 수는 8개이기 때문에 각각 정해진 인수를 값에 지정합니다. 이용하는 데이터를 지정하는 인수는 data 은닉층 노드 수를 지정하는 인수는 size입니다. 또 nnet 함수에서 분류하는 경우에는 피설명변수를 팩터형으로 전달해 둘 필요가 있습니다. nnet 함수를 이용해서 신경망을 피팅해서 그 결과를 객체 result.nnet5에 보관합니다.

```
> set.seed(5000)
> result.nnet5=nnet(as.factor(Status)~., data=Data5,size=8)
# weights:  57
initial  value 97.371233
iter  10 value 29.849949
iter  20 value 16.405123
iter  30 value 6.658434
iter  40 value 2.146142
iter  50 value 1.934456
iter  60 value 1.909605
iter  70 value 1.909544
final  value 1.909543
converged
```

이번에는 70회 반복 후에 가중치의 계산이 수렴했습니다.

그렇다면 신경망에 의한 피팅 결과를 확인해 보겠습니다.

```
> result.nnet5
a 5-8-1 network with 57 weights
inputs: 수익성 안전성 유동성 지급능력 효율성
output(s): as.factor(Status)
options were - entropy fitting
summary(result.nnet5)
a 5-8-1 network with 57 weights
options were - entropy fitting
  b->h1  i1->h1  i2->h1  i3->h1  i4->h1  i5->h1
-703.85 -157.58  933.33  457.52   22.63 -171.30
  b->h2  i1->h2  i2->h2  i3->h2  i4->h2  i5->h2
```

```
-233.27  -70.96  158.35  -13.39  234.18   33.49
  b->h3   i1->h3  i2->h3  i3->h3  i4->h3  i5->h3
 208.98  151.07 -507.46 -168.76  -49.98 -198.45
  b->h4   i1->h4  i2->h4  i3->h4  i4->h4  i5->h4
 -80.59  -31.31   82.29  -61.60  -36.91    4.56
  b->h5   i1->h5  i2->h5  i3->h5  i4->h5  i5->h5
-128.22   42.00 -258.83    3.16   42.80  -41.22
  b->h6   i1->h6  i2->h6  i3->h6  i4->h6  i5->h6
-131.22  -75.46  278.30  -27.89   49.10   10.89
  b->h7   i1->h7  i2->h7  i3->h7  i4->h7  i5->h7
 185.33   72.63 -185.10  265.42  -67.12  183.80
  b->h8   i1->h8  i2->h8  i3->h8  i4->h8  i5->h8
 689.63  146.03 -620.35 -523.94  -53.65  -28.27
   b->o   h1->o   h2->o   h3->o   h4->o   h5->o   h6->o   h7->o
 194.48 -561.54 -255.34  459.20 -105.47  -15.90  284.99 -385.09
   h8->o
 160.26
```

총 57개의 가중치가 계산되었습니다. 이 신경망에 의한 결과를 이용한 예측 값과 레이블을 비교해 보겠습니다.

```
> table(round(predict(result.nnet5)), Data[,1])

     0  1
  0 23  1
  1  0 63
```

신경망에 의해서 신용도가 없다고 분류된 기업 수는 24개, 신용도가 있다고 분류된 기업 수는 63개입니다. 레이블과 비교해보면 원래 신용도가 없음에도 신용도가 있다고 분류된 기업 수는 0개로 완벽하게 분류되고 있습니다. 반면 원래 신용도가 있음에도 불구하고 신용도가 없다고 판단된 기업이 1개 있어 잘못 분류되어 버린 기업 수는 불과 1개, 오분류율은 1.15%가 됩니다. 이 결과는 지금까지 확인해왔던 모델 중에 가장 좋은 예측 결과가 되었습니다.

설명변량을 5개로 추가한 경우의 분류 문제에서는 신경망에 의한 분류가 가장 좋은 분류의 정확도를 가지고 있는 것을 알 수 있습니다. 하지만 어느 설명변량이 분류에 유효한지 기업의 신용도가 각각의 지표에 의해서 어떻게 분류되었는지 등은 이 결과에서는 전혀 알 수 없다는 점은 주의가 필요합니다. 그것은 서포트 벡터 머신을 이용한 경우에도 마찬가지라고 할 수 있습니다.

여기에 더해서 지금까지 살펴보았던 것처럼 모델의 피팅에 사용한 데이터, 즉 학습 데이터를 대상으로 한 예측값의 맞고 틀리고를 논하는 것만으로는 그 모델의 성능을 정확하게 측정할 수 없다는 것에도 주의해야 합니다. 실제로 사용을 고려해서 모델에 의한 예측을 논한다면 학습 데이터에 의한 분류 정확도뿐만 아니라 학습용 이외의 데이터 분류 정확도도 중요해집니다. 이 점에 대해서는 다음 절에서 확인해 보겠습니다.

CHAPTER 6.2
예측 정확도의 평가

6.2.1 인 샘플과 아웃 샘플

지금까지 설명한 것처럼 학습에 이용했던 데이터를 이용해서 예측을 하는 것을 인 샘플에 의한 예측이라고 부릅니다. 반대로 학습 데이터를 통해서 모델의 미지의 파라미터를 추정한 다음 학습에 이용하지 않았던 다른 데이터를 통해서 예측하는 것을 아웃 샘플에 의한 예측이라고 부릅니다. 아웃 샘플의 예측을 구체적으로 설명하면 선형 판별 분석, 서포트 벡터 머신이라면 학습 데이터에 의해서 분류하기 위한 경계를 구한 다음에 그 경계를 이용해서 새로운 데이터에 대한 분류를 예측하는 것을 가리킵니다. 로지스틱 회귀 모델에는 설명변량에 곱해지는 계수 등의 미지의 파라미터를 학습 데이터에서 추정한 다음에 새로운 데이터에 대해서 분류를 예측하는 것이 아니라 신경망에서는 학습 데이터를 이용해서 가중치를 구한 다음에 새로운 데이터를 입력해서 어느 쪽의 그룹에 속하는지를 예측하는 것을 가리킵니다.

또 인 샘플에 의한 예측, 즉 학습 데이터에 피팅시켜서 얻어진 파라미터의 값과 모델을 아웃 샘플에 적용할 때 인 샘플의 예측과 같은 결과를 얻을 수 있는지는 아웃 샘플의 데이터가 인 샘플의 데이터와 같은 구조를 가지고 있는지에 달려 있습니다. 다시 말하면 인 샘플과 아웃 샘플의 데이터에 담겨있는 구조가 다른 경우에는 인 샘플의 예측이 잘 되었다고 해도 아웃 샘플의 예측은 잘 되지 않습니다. 또 인 샘플 데이터와 아웃 샘플 데이터에서 공통 구조를 가지고 있는 경우에도 다음과 같은 2가지 경우에는 아웃 샘플의 예측은 잘 되지 않을 것입니다. 하나는 인 샘플 데이터에 의한 학습 시에 인 샘플 데이터의 구조를 확실히 설명할 수 있는 모델이 얻어지지 않은 경우입니다. 이 경우 기대처럼 인 샘플의 예측이 되어 있지 않기 때문에 아웃 샘플의 예측으로 옮기기 전에 분류 방법과 모델의 재고가 필요하게 됩니다.

다른 하나는 인 샘플의 예측은 기대대로 정확도를 가지고 있음에도 아웃 샘플의 예측이 잘 되지 않은 경우가 있습니다. 이것은 인 샘플 데이터를 통해 학습할 때 아웃 샘플과 함께 가지고 있는 공통의 구조뿐만 아니라 인 샘플 데이터 고유의 구조에 대해서도 과도하게 학습했다고 볼 수 있습니다. 이것을 과적합 또는 오버피팅이라고 부르고 머신러닝을 실제로 사용할 때 충분히 주의해야 합니다. 특히, 인 샘플 예측이 잘 되지 않고 모델을 개량하는 과정에 있어서도 과적합을 일으키기 쉽습니다. 그렇기 때문에 가능하면 학습에 사용하는 인 샘플 데이터와는 별도로 아웃 샘플 데이터를 미리 준비해 두고 인 샘플의 예측의 정확도를 높이는 고민을 할 때에는 아웃 샘플의 예측이 나쁘지 않는지를 같이 확인하는 것이 바람직합니다.

그렇다면 이번 기업의 신용도에 관한 분류 문제의 데이터는 지금까지 학습에 사용해 왔던 데이터 이외에 아웃 샘플 데이터를 사용해서 각각의 예측 정확도를 확인해 보겠습니다.

아웃 샘플의 데이터로서 D5를 준비했습니다.

```
> dim(D5)
[1] 61  6
> names(D5)
[1] "Status"  "수익성"  "안전성"  "유동성"  "지급능력"  "효율성"
> table(D5$Status)

 0  1
21 40
```

기록되어 있는 기업 수와 신용도 유무 내역이 다른 것 이외는 학습 데이터인 Data5와 같은 구조를 하고 있어서 각 기업에 대해서 기업의 신용도를 나타내는 레이블인 Status와 5개의 설명변량이 기록되어 있습니다. 기록되어 있는 기업 수는 61개이고 신용도가 없는 기업은 21개, 신용도가 있는 기업은 40개가 있습니다. 또 지급능력에 관해서는 사전에 ngl 변환을 실시하고 있습니다. 여기서 D5 지표의 수치 개요를 확인해 봅니다.

```
> summary(D5[,-1])
      수익성            안전성           유동성           지급능력          효율성
 Min.   :-0.12577  Min.   :0.1642  Min.   :0.01497  Min.   :-7.933  Min.   :0.005525
 1st Qu.: 0.02466  1st Qu.:0.4172  1st Qu.:0.04918  1st Qu.: 1.564  1st Qu.:0.034567
 Median : 0.05089  Median :0.6213  Median :0.09718  Median : 2.390  Median :0.069997
 Mean   : 0.04853  Mean   :0.5787  Mean   :0.11423  Mean   : 2.625  Mean   :0.098465
 3rd Qu.: 0.07972  3rd Qu.:0.7361  3rd Qu.:0.15064  3rd Qu.: 3.840  3rd Qu.:0.142133
 Max.   : 0.15423  Max.   :0.9477  Max.   :0.41715  Max.   : 7.994  Max.   :0.498941
```

다음으로 아웃 샘플의 예측을 구하는 방법을 설명하겠습니다. 아웃 샘플의 예측 시에는 이미 인 샘플의 예측을 마친 상태입니다. 즉 학습 데이터에 대해서 모델을 피팅했던 결과를 이미 얻었습니다. 예를 들면 앞 절에서 실행했던 것 같은 학습 데이터 Data5에 대해서 선형 판별 분석을 피팅한 결과 result.lda5를 이미 얻은 것을 가리키고 있습니다. 인 샘플의 예측에서는 결과를 나타내는 객체에 predict 함수를 적용했습니다. 아웃 샘플의 예측에서는 결과를 나타내는 객체 외에 아웃 샘플의 데이터를 지정합니다. R 상에서는 predict 함수에 대해서 인 샘플 데이터에 모델을 피팅한 결과를 보관한 객체 이름 이외에 인수 newdata에 아웃 샘플 데이터의 객체 이름을 전달합니다.

```
predict(인 샘플 데이터에 모델을 피팅한 결과를 보관한 객체 이름)
newdata=아웃 샘플 데이터의 객체 이름
```

이후에는 이전 절에서 설명했던 5개의 변량을 가지는 분류 문제에 대해서 분류 방법을 적용한 결과를 이용해서 각각의 아웃 샘플의 예측을 구해서 예측의 정확도를 확인해 보겠습니다.

판별 분석

학습 데이터 Data5를 판별 분석을 피팅한 결과는 result.lda5에 보관했습니다. 판별 분석에서는 학습 데이터를 이용해서 판별에 이용하는 경계를 구합니다. 아웃 샘플에 의한 예측은 인 샘플 데이터를 통해 구한 경계선에 의해서 아웃 샘플 데이터에 기록된 기업이 어느 쪽 그룹으로 분류되는지를 확인하면 됩니다

우선 result.lda5를 확인해 보겠습니다.

```
> result.lda5
Call:
lda(Status ~ ., data = Data5)

Prior probabilities of groups:
        0         1
0.2643678 0.7356322

Group means:
      수익성      안전성      유동성 지급능력      효율성
0 0.01234043 0.7570454 0.1441246 1.101418 0.2938310
1 0.07197185 0.4323989 0.1179445 3.426848 0.1198851

Coefficients of linear discriminants:
                    LD1
수익성     2.235009800
안전성    -7.207820145
유동성    -6.410134530
지급능력  -0.004830883
효율성    -0.312410103
```

  학습 데이터에 대해서 판별 분석을 적용해서 얻어진 경계로 분류된 결과(인 샘플에 의한 예측 결과)는 결과를 보관한 result.lda5에 predict 함수를 적용하면 요소 class에 출력되었습니다. 아웃 샘플에 의한 예측 결과에 대해서도 마찬가지로 요소 class에 출력됩니다. 즉 predict 함수의 인수에 result.lda5를 지정하고 아웃 샘플의 데이터를 지정하는 인수 newdata에 D5를 지정한 경우의 예측 결과를 얻기 위해서는 다음과 같이 입력하겠습니다.

```
> predict(result.lda5, newdata=D5)$class
```

그렇다면 아웃 샘플에 의한 예측 결과를 D5의 레이블인 Status와 비교한 교차표를 작성하고 아웃 샘플의 예측 정확도를 확인하겠습니다.

```
> table(predict(result.lda5, newdata=D5)$class,D5$Status)

    0  1
0  20  3
1   1 37
```

    table 함수의 제 1 인수에 아웃 샘플의 예측 결과를 설정하고 있기 때문에 예측 결과는 가로 방향입니다. 또한, 제 2 인수로 아웃 샘플의 레이블을 설정하고 있기 때문에 레이블은 세로 방향으로 표시되어 있습니다. 아웃 샘플의 예측에 의해서 신용도가 없다고 판단된 기업 수는 20개와 3개를 합쳐서 23개였던 것에 비해 레이블에서 신용도가 없는 기업 수는 20개와 1개를 합쳐서 21개입니다. 예측 정확도의 관점에서는 레이블에 신용도가 없다고 되어 있는 기업 수 21개에 대해서 바르게 분류할 수 있었던 수는 20개, 잘못 분류한 수는 1개입니다. 한편 레이블 데이터에서 신용도가 있다고 되어 있는 기업 40개 중 37개의 기업이 바르게 분류되고 3개의 기업이 신용도가 없다고 잘못 분류되어 있습니다. 즉 총 61개의 기업 중 잘못 분류된 기업 수는 4개이며 오분류율은 6.57%가 됩니다. 인 샘플의 예측에 있어서 오분류율은 5.75%였기 때문에 이번 선형 판별 분석으로 한정해서 말하면 아웃 샘플의 예측은 인 샘플의 예측과 거의 같은 수준으로 분류되어 있다고 봐도 좋습니다.

서포트 벡터 머신

이어서 인 샘플 데이터에 서포트 벡터 머신을 피팅한 결과를 이용해서 아웃 샘플의 예측을 확인해 보겠습니다.

    이 책에서는 서포트 벡터 머신의 커널로서 선형 커널과 가우시안 커널, 이렇게 2가지 종류를 다루고 있습니다. 앞 절에서는 5개의 설명변량을 가지는 학습 데이터 Data5에 대해서 선형 커널을 이용한 서포트 벡터 머신을 피팅한 결과를 result.svm5.v에 보관하고 가우시안 커널을 이용한 서포트 벡터 머신을 피팅한 결과를 result.svm5.r에 보관했습니다. 우선 각각 피팅 결과를 확인해 봅니다.

우선 선형 커널을 이용한 서포트 벡터 머신을 살펴보겠습니다. 서포트 벡터 머신을 피팅한 ksvm 함수 중 커널을 지정한 인수 kernel에 선형 커널을 가리는 vanilladot을 전달해서 분석했습니다.

```
> result.svm5.v
Support Vector Machine object of class "ksvm"

SV type: C-svc  (classification)
 parameter : cost C = 1

Linear (vanilla) kernel function.

Number of Support Vectors : 22

Objective Function Value : -17.4138
Training error : 0.08046
```

이어서 가우시안 커널을 이용한 서포트 벡터 머신은 ksvm 함수의 인수 kernel에 가우시안 커널을 설정하는 rbfdot으로 지정했습니다.

```
> result.svm5.r
Support Vector Machine object of class "ksvm"

SV type: C-svc  (classification)
 parameter : cost C = 1

Gaussian Radial Basis kernel function.
 Hyperparameter : sigma = 0.364504778510812

Number of Support Vectors : 44

Objective Function Value : -22.5459
Training error : 0.091954
```

각각의 피팅 결과를 이용해서 아웃 샘플의 예측을 해 봅니다. 우선 서포트 벡터 머신을 취급할 경우 설명변량을 매트릭스 형태로 바꿀 필요가 있습니다. 여기서는 아웃 샘플 데이터 D5의 설명변량 부분, 즉 첫 번째 열의 요소를 뺀 D5[,-1]의 형태를 매트릭스형으로 설정하고 XX로 표시합니다.

```
> XX=as.matrix(D5[,-1])
```

아웃 샘플의 예측을 얻기 위해서는 predict 함수에 대해서 인 샘플 데이터를 이용해서 학습했던 결과와 아웃 샘플의 데이터를 전달할 필요가 있습니다. 여기서는 선형 커널과 가우시안 커널을 이용한 서포트 벡터 머신을 피팅한 결과 각각에 대해서 다음과 같이 입력하는 것으로 아웃 샘플의 예측을 얻을 수 있습니다.

```
> predict(result.svm5.v, newdata = XX)
> predict(result.svm5.r, newdata = XX)
```

그럼 아웃 샘플의 예측 정확도에 대해서 확인해 봅니다. 우선 선형 커널을 이용한 서포트 벡터 머신을 살펴보겠습니다. predict 함수에 인 샘플 데이터를 이용해서 학습한 결과 result.svm5.v와 매트릭스형으로 변환한 아웃 샘플 데이터 XX를 전달해서 얻은 아웃 샘플의 예측과 아웃 샘플 데이터 레이블의 교차표를 작성해 봅니다.

```
> table(predict(result.svm5.v, newdata=XX), D5$Status)

    0  1
0  20  2
1   1 38
```

선형 커널을 이용한 서포트 벡터 머신의 분류를 통해서 아웃 샘플을 예측한 결과를 확인해 보면 신용도가 없는 기업 수는 22개, 신용도가 있는 기업 수는 39개가 있습니다. 예측 정확도를 확인하기 위해서 레이블과 비교해 보면 레이블에서는 신용도가 없다고 되어 있는 기업 수가 21개인 것에 비해 제대로 예측된 기업 수는 20개, 잘못 예측된 기업 수는 1개입니다. 한편 레이블에서 신용도가 있다고 되어 있는 기업이 40개인 것에 비해서 제대로 예측된 기업 수는 38개, 잘못 분류된 기업 수는 2개입니다. 아웃 샘플의 데이터에서는 모두 61개의 기업이 기록되어 있고 잘못 예측된 기업 수는 3개이며 오분류율은 4.92%가 됩니다. 인 샘플의 예측에서는 총 기업 수 87개 중에서 잘못 예측한 기업 수가 7개여서 오분류율이 8.46%였기 때문에 아웃 샘플의 예측은 잘 되고 있는 것을 확인할 수 있습니다.

다음은 가우시안 커널을 이용한 서포트 벡터 머신의 경우를 확인해 봅니다. 가우시안 커널을 이용한 서포트 벡터 머신에 인 샘플 데이터를 이용해서 학습한 결과를 보관한 result.svm.r을 통해서 얻은 아웃 샘플의 예측과 아웃 샘플 데이터 레이블의 교차표를 작성해 봅니다.

```
> table(predict(result.svm5.r, newdata=XX), D5$Status)

    0  1
0  18  1
1   3 39
```

가우시안 커널을 이용한 서포트 벡터 머신의 분류에 의한 아웃 샘플의 예측에서는 신용도가 없는 기업 수가 19개, 신용도가 있는 기업 수가 42개가 됩니다. 그러면 예측 정확도를 확인하기 위해서 레이블과 비교해 보겠습니다. 레이블에서 신용도가 없다고 되어 있는 기업 수 21개 중에서 제대로 예측된 기업 수는 18개, 잘못 예측된 기업 수는 3개입니다. 레이블에서 신용도가 있다고 되어 있는 기업 수 40개 중에서는 제대로 예측된 기업 수가 39개, 잘못 예측한 기업 수가 1개가 됩니다. 따라서 아웃 샘플의 예측에서는 4개 기업을 잘못 분류했기 때문에 오분류율은 6.56%가 되었습니다.

인 샘플의 예측에서는 총 기업 수 87개에 대해서 잘못 분류했던 기업 수가 5개이며 오분류율은 5.75%입니다. 아웃 샘플의 예측은 인 샘플의 예측과 비교해서 예측 정확도가 약간 나빠졌지만 거의 같은 수준이라고 볼 수 있습니다.

이번 데이터에서는 가우시안 커널보다도 선형 커널을 이용한 서포트 벡터 머신 쪽이 아웃 샘플의 예측에서 예측 정확도가 높다는 결과를 얻을 수 있었습니다. 다만 어느 쪽의 커널을 이용하든 인 샘플의 예측과 아웃 샘플의 예측을 포함해도 오분류율은 10%에도 미치지 않기 때문에 잘 분류되고 있다고 볼 수 있습니다.

여기까지 살펴본 선형 판별 분석과 서포트 벡터 머신에서는 인 샘플 데이터를 이용해서 구한 분류 경계를 이용해서 아웃 샘플 데이터를 분류하고 있습니다. 아웃 샘플의 예측을 해도 새롭게 학습하는 것은 아니기 때문에 분류경계는 변하지않는 점에는 주의해야 합니다.

로지스틱 회귀 모델

여기서는 학습 데이터에 로지스틱 회귀 모델을 피팅한 결과를 이용해서 아웃 샘플의 예측을 해 보겠습니다. 앞 절에서는 5개의 설명변량을 가지는 학습 데이터 Data5에 대해서 로지스틱 회귀 모델을 피팅한 결과를 result.glm5에 저장했습니다. 분석 결과 내용은 다음과 같습니다.

```
> result.glm5

Call:  glm(formula = Status ~ ., family = binomial, data = Data5)

Coefficients:
(Intercept)      수익성       안전성       유동성      지급능력
   18.2888     20.1928     -23.1580    -24.4337      -0.1482
    효율성
   -7.8059

Degrees of Freedom: 86 Total (i.e. Null); 81 Residual
Null Deviance: 100.5
Residual Deviance: 28.5 AIC: 40.5
```

한편 AIC를 통한 설명변량 선택에 의해서 이번 로지스틱 회귀 모델에
서는 설명 지표를 5개 사용하는 것 보다도 안전성 지표, 유동성 지표, 효
율성 지표 이렇게 3개의 지표를 사용하는 쪽이 더 좋은 모델이라는 것이
시사되었습니다. 이 3개의 설명변량을 이용한 모델을 피팅한 분석 결과는
result.step5에 보관되었고, 내용은 다음과 같습니다.

```
> result.step5

Call:  glm(formula = Status ~ 안전성 + 유동성 + 효율성,
    family = binomial, data = Data5)

Coefficients:
(Intercept)      안전성       유동성       효율성
     19.637     -24.740     -22.613      -8.017

Degrees of Freedom: 86 Total (i.e. Null); 83 Residual
Null Deviance:      100.5
Residual Deviance: 29.01          AIC: 37.01
```

여기서는 result.glm5와 result.step5 각각을 이용해서 아웃 샘플의
예측을 확인하겠습니다. 우선 result.glm5를 이용해서 아웃 샘플의 예측
정확도를 생각해 봅니다. predict 함수에 result.glm5와 아웃 샘플 데이

터의 D5를 이용해서 얻은 아웃샘플의 예측과 레이블에 의한 분류로 교차
표를 작성합니다.

```
> table(round(sigmoid(predict(result.glm5,newdata=D5))) , D5$Status)

   0  1
0 20  4
1  1 36
```

예측 결과에서는 신용도가 없다고 되어 있는 기업이 24개, 신용도가 있
다고 되어 있는 기업이 37개가 있습니다. 레이블에 기록되어 있는 원래
신용도가 없는 기업 수 21개 중 제대로 예측된 수는 20개, 잘못 예측된 수
는 1개가 됩니다. 또 원래 신용도가 있는 기업 수 40개 중에서 제대로 예
측된 수는 36개, 잘못 예측된 수는 4개입니다. 각각 합쳐서 아웃 샘플의
예측에서 잘못 예측된 기업 수는 5개이며 오분류율은 8.20%가 되었습니
다. 이전 절에서 얻은 인 샘플의 예측에서는 잘못 예측한 기업 수는 7개,
오분류율은 8.05%였기 때문에 아웃 샘플의 예측은 인 샘플의 예측과 비
슷한 정도의 예측 정확도를 보이고 있습니다.

이어서 설명변량을 3개로 줄인 경우의 아웃 샘플의 예측에 대해서 조사
해 봅니다. 3개의 설명변량을 이용한 로지스틱 회귀 모델을 인 샘플 데이
터에서 학습한 결과 result.step5와 아웃 샘플 데이터 D5를 predict 함수
에 전달하는 것으로 아웃 샘플을 예측한 결과를 얻을 수 있습니다. 레이
블이 저장되어 있는 D5$Status와의 교차표를 작성합니다.

```
> table(round(sigmoid(predict(result.step5, newdata=D5))),D5$Status)

   0  1
0 20  4
1  1 36
```

얻은 예측 결과는 앞서 확인했던 설명변량을 5개 이용한 분석 결과 result. glm을 이용한 것과 완전히 같습니다. 즉 AIC에 의해서 선택된 3개의 설명 변량을 가지는 모델에서도 아웃 샘플의 예측 정확도는 인 샘플의 예측 정확도와 비슷한 정도의 수준이라는 것을 알 수 있습니다. 뿐만 아니라 이번 데이터에 로지스틱 회귀 모델을 피팅한 경우에 있어서는 5개의 설명변량을 모두 이용할 필요가 없이 3개로 충분하다는 것도 확인할 수 있었습니다.

신경망

이번에는 신경망을 이용해서 아웃 샘플을 예측해 보겠습니다. 이 책에서는 설명변량이 5개인 학습 데이터 Data5에 은닉층 노드 수를 8로 설정했던 5-8-1 피드 포워드 신경망을 적용했습니다. 이 분류 결과는 result. nnet5에 저장했었습니다.

```
> result.nnet5
a 5-8-1 network with 57 weights
inputs: 수익성, 안전성, 유동성, 지급능력, 효율성
output(s): as.factor(Status)
options were - entropy fitting
```

이 피팅 결과 result.nnet5를 이용해서 아웃 샘플 데이터 D5에 대한 예측을 확인해 보겠습니다. 다른 분류법과 마찬가지로 predict 함수에 피팅 결과 result.nnet5와 인수 newdata에 D5를 설정하는 것으로 아웃 샘플 데이터에 기록된 각 기업에 대해서 신용도가 있다고 판단된 확률값을 얻을 수 있습니다.

```
> predict(result.nnet5,newdata=D5)
        [,1]
```

```
 1  1.0000000
 2  1.0000000
 3  1.0000000
 4  0.0000000
 5  0.0000000
        :
        :
57  1.0000000
58  0.0000000
59  0.0000000
60  1.0000000
61  1.0000000
```

아웃 샘플을 예측한 값이 0.5이상 (50% 이상)인 경우 신용도가 있다고
보기 때문에 round 함수를 이용해서 소수점 첫째 자리를 반올림해서 1인
것을 신용도가 있는 기업이라고 판단합니다.

그렇다면 아웃 샘플의 예측 결과와 아웃 샘플 데이터의 레이블의 교차표
를 작성해서 예측 정확도를 확인해 봅니다.

```
> table(round(predict(result.nnet5, newdata=D5)), D5$Status)

    0  1
0  21  7
1   0 33
```

아웃 샘플의 예측 결과에서 신용도가 없다고 분류된 기업 수는 28개,
신용도가 있다고 분류된 기업 수는 33개입니다. 레이블의 분류와 비교하
면 원래 신용도가 없음에도 신용도가 있다고 분류된 기업 수는 0으로 인
샘플의 예측과 마찬가지로 거의 완벽하게 분류되었습니다. 반대로 신용
도가 있음에도 신용도가 없다고 분류된 기업 수가 7개입니다. 인 샘플의
예측에서는 잘못 분류했던 기업 수가 1개였던 것과 비교하면 오분류율이
크게 늘어난 것을 확인할 수 있습니다. 아웃 샘플의 데이터 수는 61개이

기 때문에 오분류율은 11.48%가 됩니다. 인 샘플의 예측에서의 오분류율 1.15%와 비교해서 크게 높아졌습니다. 신경망에서는 인 샘플 데이터에서의 학습 시에 과적합을 일으킬 수 있습니다.

지금까지 인 샘플의 예측과 아웃 샘플의 예측에 대해서 각각 잘못 분류한 수에 주목해서 비교를 했습니다. 다음 절에서는 예측 결과의 비교에 대해서 단순하게 잘못 분류한 수를 비교하는 것만이 아니라 다른 관점에서의 비교법에 대해서 생각해 보겠습니다.

6.2.2 데이터의 의미를 생각한 예측 평가 방법

이번 절에서는 예측 정확도의 평가에 있어서 단순하게 잘못 분류된 수를 세는 것이 아니라 데이터의 의미를 생각한 평가 방법을 소개하고자 합니다.

이 책에서 다루어온 문제는 신용도가 있다, 없다라는 이진 분류 문제였습니다. 그렇기 때문에 레이블도 예측 결과도 2개의 값만을 취하기 때문에 각각의 조합을 생각하면 표 6.2처럼 2×2의 4개 요소를 가지는 표를 얻을 수 있습니다.

		레이블	
		신용도가 있다	신용도가 없다
예측 결과	신용도가 있다	요소 A	요소 B
	신용도가 없다	요소 C	요소 D

표 6.2 이진 분류 문제의 레이블과 예측의 관계

요소 A는 원래 신용도가 있다고 분류된 기업에 대해서 모델을 이용한 예측 결과도 신용도가 있다고 판단된 수를 가리키고 있고 모델에 의한 예측이 옳았던 수를 나타내고 있습니다. 요소 D는 원래 신용도가 없다고 되어 있는 기업에 대해서 모델을 이용한 예측 결과도 신용도가 없다고 바르게 판단되었던 수를 나타내고 있습니다. 즉 요소 A와 요소 D를 합친 수가 모델을 이용한 예측에 의해서 제대로 판단이 되었던 기업 수를 나타내고 있습니다. 한편 요소 B와 요소 C는 모델을 이용한 예측이 틀린 기업 수를 나타내고 있습니다.

여기서 요소 B와 요소 C에서는 잘못 분류한 기업의 수를 나타내고 있다는 점에서는 같은 성질을 가졌다고 볼 수 있지만 엄밀하게는 그 오류 방법이 다르기 때문에 양자를 구별해서 생각하겠습니다. 우선 요소 B처럼 원래 신용도가 없음에도 불구하고 모델에 의한 예측에서 신용도가 있다고 잘못 판단된 것을 제 1 종 오류라고 부릅니다. 이어서 요소 C처럼 원래 신용도가 있음에도 불구하고 모델에 의한 예측에서는 신용도가 없다라고 판단되는 오류를 제 2 종류의 오류라고 부르고 각각 오류를 구별해서 논의를 진행해 가겠습니다.

그렇다면 이렇게 오류 방식을 구별하는 이점은 어디에서 찾을 수 있을까요? 그것은 2가지 오류 의미에 경중이 있고 한쪽의 오류를 중시, 또는 경시하는 입장을 취할 때 명확해집니다. 예를 들면, 이번 기업의 신용도 유무에 대한 판단의 경우, 다음과 같은 입장을 생각해 볼 수 있습니다. 신용도가 없는 기업을 선정 할 때에 원래 신용도가 없는 기업을 놓치지 않는다는 입장에서 임하는 경우에는 신용도가 있는 기업을 신용도가 없다고 판단해 버리는 제 2 종 오류를 범하는 수에 대해서는 비교적 느슨하게 평가한다고 해도 신용도가 없는 기업을 선별하지 못하는 것을 피하기 위해서 제 1종 오류를 엄격하게 평가할 것입니다. 반대로 유망한 기업을 발견하기 위해서 신용도가 있는 기업을 놓치지 않아야 하는 입장이라면 제 1 종 오류를 느슨하게 평가하는 반면 제 2 종 오류를 엄격하게 평가하게 됩

니다.[1]

앞으로 이 2가지 오류에 대해서 확인을 해보겠습니다. 하지만 그 전에 R에서 출력했던 교차표에서 주의해야 할 점이 있습니다. 이 책에서 다루고 있는 분류 문제는 R상에서는 신용도가 있는 기업의 레이블을 1로, 신용도가 없는 기업의 레이블을 0으로 하고 있습니다. 즉 지금까지 예로 들고 R에서 출력했던 교차표는 표 6.3처럼 되어 있습니다.

		레이블	
		신용도가 있다	신용도가 없다
예측 결과	신용도가 없다	요소 D	요소 C
	신용도가 있다	요소 B	요소 A

표 6.3 R에서의 교차표 표시 순서

표 6.3에 표기된 방법이 표 6.2와는 다르다는 점을 충분히 주의해야 합니다. 구체적으로 다른 점을 확인하기 위해서 표 6.3과 R에서의 교차표를 대응시켜보겠습니다. 여기서 선형 판별 분석을 이용한 인 샘플의 예측과 레이블의 교차표는 다음과 같이 출력되었습니다.

```
> table(predict(result.lda5)$class,Data5$Status)

    0  1
0  20  2
1   3 62
```

----

1 더욱 알기 쉬운 예로는 예비검사와 같은 초기 질병 진단에서 응용하는 경우를 생각해 볼 수 있습니다. 초기 질병 진단에서는 원래 병에 걸리지 않은 환자를 병에 걸렸다고 잘못 진단하는 오류(제 1종 오류)는 중요하지 않고 원래 질병이 있는 환자를 병이 없다고 잘못 진단해 버리는 오류(제 2종 오류)에 대해서 특히 엄격하게 평가하는 경우가 있습니다. 초기의 질병 진단은 최종 진단이 아니고 다음 정밀 검사 등 새로운 진단을 진행할지 하지 않을 지를 정하기 위한 것이기 때문에 원래 질병이 없는 사람을 정밀 검사를 받게 하는 위험보다 원래 질병이 있는 사람을 정밀 검사를 받지 않게 하는 위험이 더 높기 때문입니다.

여기서 제 1 종 오류의 수는 요소 B의 수에 대응하고 있기 때문에 왼쪽 아래의 값 3이 됩니다. 또 제 2 종 오류의 수는 요소 C의 수에 대응하고 있기 때문에 오른쪽 위의 값 2가 되는 것을 알 수 있습니다.

같은 데이터의 안에서 다른 분류 방법의 예측 정밀도의 비교

그렇다면 2가지 오류에 주의하면서 인 샘플, 아웃 샘플 각각의 데이터 안에서 다른 분류 방법에 의한 예측 정확도를 비교해 봅니다. 분류 방법은 선형 판별 분석, 선형 커널을 이용한 서포트 벡터 머신, 가우시안 커널을 이용한 서포트 벡터 머신, 로지스틱 회귀 모델, 신경망의 5가지가 됩니다. 또 이전 절에서의 분석을 답습해서 로지스틱 회귀 모델은 AIC에 의해서 선택된 3개의 지표를 이용한 모델을 채용하고 신경망은 은닉층 노드수가 8개인 5-8-1 피드 포워드 신경망을 채용합니다.

우선 학습 데이터인 인 샘플 데이터를 통해 얻은 예측 결과를 비교해 봅니다. 표 6.4에서는 학습 데이터 Data5를 이용해서 얻은 예측 결과 중 제 1 종 오류와 제 2 종 오류의 수와 오류의 합계를 나타내고 있습니다.

단순하게 예측 정확도를 비교하는 입장이라면 잘못 분류한 횟수의 총 합계에 주목하면 됩니다. 신경망을 이용하는 경우가 오류의 총 수가 1회로 가장 적기 때문에 예측 정확도가 가장 높다고 볼 수 있습니다. 선형 커널을 이용한 서포트 벡터 머신과 로지스틱 회귀 모델에서는 잘못 분류한 총 횟수가 7회로 같지만 전자에서는 제 2 종 오류는 2회인데 비해서 제 1 종 오류는 5회로 더 많이 범하고 있습니다. 따라서 원래 신용도가 있는 기업임에도 신용도가 없다고 판단해 버리는 경향이 있다고 볼 수 있습니다. 오분류 수가 총 5회로 비교적 적은 가우시안 커널을 이용한 서포트 벡터 머신의 예측에서도 제 2 종 오류를 1회 범한데 비해서 제 1 종 오류를 4회

범하고 있어 선형 커널을 이용했던 서포트 벡터 머신과 같은 경향을 보이고 있습니다. 이번 학습 데이터에 한정된 것이지만 서포트 벡터 머신이 제 1 종 오류를 범하기 쉬웠던 데이터였을 수도 있습니다.

모델 이름	제 1종 오류	제 2종 오류	오류의 합계
판별 분석	3	2	5
SVM 선형 커널	5	2	7
SVM 가우시안 커널	4	1	5
로지스틱 회귀	4	3	7
신경망	0	1	1

• SVM 선형 커널은 선형 커널을 이용한 서포트 벡터 머신
 SVM 가우시안 커널이란 가우시안 커널을 이용한 서포트 벡터 머신을 가리킵니다.

표 6.4 인 샘플 데이터에 의한 예측 결과의 비교

이어서 아웃 샘플 데이터에 의한 예측 결과를 확인해 봅니다. 표 6.5는 인 샘플 데이터를 통해서 학습한 분류 방법을 아웃 샘플 데이터 D5에 적용해서 얻어진 예측을 정리한 것입니다.

모델 이름	제 1종 오류	제 2종 오류	오류의 합계
판별 분석	1	3	4
SVM 선형 커널	1	2	3
SVM 가우시안 커널	3	1	4
로지스틱 회귀	1	4	5
신경망	0	7	7

표 6.5 아웃 샘플 데이터에 의한 예측 결과의 비교

단순하게 예측 정확도를 비교하면 인 샘플 데이터에서는 가장 예측 정확도가 좋았던 신경망이 아웃 샘플의 예측에서는 신경망이 가장 예측 정

확도가 나쁘다라는 결과를 확인할 수 있습니다. 신경망 인 샘플 데이터를 통한 학습 과정에서 과적합을 일으킨 것으로 보입니다. 하지만 제 1 종 오류의 수는 0이기 때문에 신용도가 없는 기업을 놓치지 않는다라는 관점을 취한다면 여전히 가장 좋은 분류 방법이라고 볼 수 있습니다. 이렇게 평가의 관점에 의해서 가장 좋은 분류 방법이 다른 것에 주의하시기 바랍니다.

예측 정확도 평가 지표의 도입

이전까지는 확인했던 오류를 일으킨 수에 의한 비교는 데이터의 합계가 다른 경우의 비교가 어려웠습니다. 특히 인 샘플과 아웃 샘플의 데이터 수가 같은 경우가 더 적기 때문에 데이터의 수를 고려했던 비율에 의한 지표를 도입해 봅니다.

우선 제 1 종의 오류를 인식한 지표인 모델에 의한 예측의 정확성을 나타내는 예측 정확도의 지표, 정밀도(Precision)을 도입합니다.

$$정밀도 = \frac{요소\ A의\ 수}{요소\ A의\ 수 + 요소\ B의\ 수}$$

정밀도는 모델에 의해서 신용도가 있다고 판단된 수인(요소 A의 수 + 요소 B의 수)에 대해서 그 예측의 정답 수(요소 A의 수)의 비율에서 정의되었습니다. 정밀도는 분모에 요소 B의 수가 포함되어 있고 제 1 종 오류의 수가 적으면 적을수록 1에 가까워집니다. 이어서 제 2 종 오류를 의식한 지표인 모델에 의한 예측의 재현성을 나타내는 지표, 재현율(Recall)을 도입합니다.

$$재현율 = \frac{요소\ A의\ 수}{요소\ A의\ 수 + 요소\ C의\ 수}$$

재현율은 레이블에 의해서 원래 신용도가 있다고 되어 있는 기업 수(요소 A의 수 + 요소 C의 수) 중, 모델에 의한 예측에서 바르게 판단(재현)되어 있는 수(요소 A의 수)의 비율에서 정의합니다. 재현율은 분모에(요소 C의 수)가 포함되어 있고, 제 2 종의 오류의 수가 적어지면 적어질수록 1에 가까워집니다.

제 1 종 오류와 제 2 종 오류의 각각과 관련된 지표 외에 단순하게 제대로 된 예측을 한 수를 나타내는 지표, 정확도(Accuracy)도 도입합니다.

$$정확도 = \frac{요소\ A의\ 수 + 요소\ D의\ 수}{요소\ A의\ 수 + 요소\ B의\ 수 + 요소\ C의\ 수 + 요소\ D의\ 수}$$

정확도는 단순하게 데이터 전체의 수에 대해서 예측이 정답인 수(요소 A의 수 + 요소 D의 수)의 비율을 보이고 있고 정답 수가 많으면 많을수록 1에 가까워집니다.

R에서 계산하기 위해서는 교차표를 작성하는 table 함수의 출력 결과를 객체에 보관해두면 편리합니다. 예를 들면 선형 판별 분석을 이용한 인 샘플의 예측과 레이블의 교차표의 출력을 TABLE에 보관해 적합률, 재현율과 정확도를 각각 계산해 봅니다.

```
> TABLE=table(predict(result.lda5)$class,Data5$Status)
> TABLE[2,2]/(TABLE[2,2]+TABLE[2,1])
[1] 0.9538462
> TABLE[2,2]/(TABLE[2,2]+TABLE[1,2])
[1] 0.96875
> (TABLE[2,2]+TABLE[1,1])/(TABLE[2,2]+TABLE[2,1]+TABLE[1,2]+TABLE[1,1])
[1] 0.9425287
```

첫 입력은 선형 판별 분석을 이용한 인 샘플의 예측과 레이블을 교차표로 출력해서 TABLE에 보관하고 있습니다. 2번째 입력은 정밀도를 구하고 있습니다. 표 6.3을 참고하여 요소 A는 TABLE의 2행 2열 째의 요소이기 때문에 TABLE[2, 2]라고 지정합니다. 또 요소 B는 TABLE의 2행 1열째의 요소이기 때문에 TABLE[2,1]로 지정해서 정밀도를 계산하고 있습니다. 계산 결과는 0.9538462이고 소수점 셋째 자리를 반올림한 백분율로 나타내면 95.38%가 됩니다. 이후는 마찬가지로 지표의 계산을 하고 있습니다. 3번째 입력은 재현율을 구하고 그 값은 0.96875이므로 백분율로 나타내면 96.88%가 됩니다. 마지막으로 4번째의 입력에서는 정확도를 계산하고 계산 결과는 0.9425287이므로 백분율로 나타내면 94.25%가 됩니다.

그렇다면 5가지 분류 방법으로 인 샘플과 아웃 샘플을 예측한 결과에 도입한 3개의 지표 값을 비교해 봅니다. 표 6.6에서는 5가지의 분류 방법에 각각 인 샘플과 아웃 샘플을 통해서 구한 3개 지표의 계산 결과를 기록합니다. 또 표 안에 인이라고 기록한 열에는 인 샘플에 의한 예측, 아웃이라고 기록한 열에는 아웃 샘플에 의한 예측에 대한 지표의 값을 기록합니다.

이번에 이용한 데이터에서는 인 샘플, 아웃 샘플을 가리지 않고 신경망에서 정밀도가 100%를 달성하고 있습니다.

모델 이름	정밀도(%)		재현율(%)		정확도(%)	
	인	아웃	인	아웃	인	아웃
판별 분석	95.38	97.37	96.88	92.50	93.83	93.44
SVM 선형 커널	92.54	97.44	96.88	95.00	91.95	95.08
SVM 가우시안 커널	91.18	92.86	96.88	97.50	90.80	93.44
로지스틱 회귀	93.85	97.30	95.31	90.00	91.95	91.80
신경망	100.00	100.00	98.44	82.50	98.85	88.52

※인은 인 샘플의 예측, 아웃은 아웃 샘플의 예측 결과에 대해서 산출한 값

표 6.6 지표를 이용한 인 샘플과 아웃 샘플 데이터에 의한 예측 결과의 비교

다만 재현율, 정확도의 값은 아웃 샘플의 예측에서는 크게 악화되어 90%를 밑도는 유일한 분류 방법입니다. 따라서 신경망은 인 샘플의 데이터에 과적합을 일으키고 있을 가능성이 있습니다. 그 외의 4가지 종류의 분류 방법에는 3개 지표 모두 90%를 넘고 있고 인 샘플, 아웃 샘플을 가리지 않고 잘 분류되고 있는 것으로 보입니다.

이번 절에서는 제 1 종 오류, 제 2 종 오류, 전체에 있어서 정답 수의 각각에 주목한 3개의 지표를 도입해서 다른 데이터, 다른 분류 방법에 있어서 예측 정확도의 비교에 대해서 살펴보았습니다. 실제 데이터 분석에 있어서는 제 1 종 오류, 제 2 종 오류 어느 쪽에 무게를 두고 분류하는 경우도 있을 것입니다. 분류 결과를 조절하기 위해서는 선형 판별 분석에는 분류에 이용하는 경계선을 움직이는 것을 생각해 볼 수 있고 로지스틱 회귀 모델, 신경망에서는 이번에는 신용도가 있는 기업인 확률이 50%로 2개의 그룹을 나누었지만 그 확률을 50%에서 조절하는 것도 생각해 볼 수 있습니다. 즉 2개의 그룹으로 분류하는 경계에 대해서는 정밀도와 재현율의 트레이드 오프[2]의 관계를 고려하면서 분류의 목적에 따라서 적절하게 조절하는 것이 가능해졌습니다. 또 실제 데이터 분석의 현장에서는 예측 정확도를 높인다는 점에 지나치게 주목한 나머지 과적합이 일어나지 않도록 주의할 필요가 있습니다. 특히 예측 정확도를 나타내는 지표의 값이 인 샘플의 예측에서 아웃 샘플의 예측에 적용되었을 때 크게 떨어지는 경우에는 과적합을 일으키고 있다고 의심해볼 필요가 있습니다.

....

2 옮긴이 주_ 트레이드 오프란 어느 한 부분의 품질을 높이거나 낮추는 것이 다른 부분의 품질을 높이거나 낮추는데 영향을 끼치는 상황을 이야기합니다. 일반적으로 한 쪽의 품질을 높이면, 다른 쪽의 품질은 떨어지는 방향으로 흐릅니다.

CHAPTER 6.3
정리

인 샘플 데이터로 모델을 피팅해서 미지의 파라미터의 값을 구하는 과정을 통계학에서는 추정이라고 부르고 머신러닝에서는 학습이라고 부릅니다. 또 실무에 있어서 분류에서는 인 샘플로 학습 시킨 모델을 이용해서 아웃 샘플에 적용하는 것을 목적으로 하고 있습니다. 이 책에서는 이 과정을 일관되게 예측이라고 불러왔지만 머신러닝의 분야에서는 일반화(Generalization)라고 부르는 경우도 있습니다.

같은 과정을 다른 호칭으로 부르는 것에서 알 수 있는 것처럼 애초에 통계학과 머신러닝에서는 분류 문제를 풀 때의 인식이 다릅니다. 통계학에서는 추정한 미지의 파라미터 값과 피팅한 모델에서 데이터의 배후에 숨어있는 구조 등을 읽어내서 새로운 관점을 얻는 것을 목적으로 하고 있습니다. 이 일련의 과정을 추론이라고 부르고 통계학에서는 특히 중요시합니다. 좀 확대하여 이야기 하자면 새로운 관점을 얻는 주체가 추론을 하는 분석자이고 즉 인간이 현명해지는 것을 목적으로 하고 있다고 할 수 있습니다.

반면 머신러닝에서 학습하는 주체는 기계가 됩니다. 또 머신러닝의 목적 중 하나는 인 샘플의 데이터를 학습해 일반화 성능을 향상하는 것에 있습니다. 혹시 학습 데이터에 대해서 기대한 만큼의 분류 결과를 얻을 수 없는 경우, 신경망에서는 노드 수, 층의 수를 늘리는 것으로 보다 좋은 분류, 일반화 성능의 향상을 추구하는 것이 가능합니다. 하지만 노드 수, 층의 수를 늘린 신경망은 구조가 복잡하기 때문에 얻은 분류 결과에 대해서 설명변량이 어떻게 기여하고 있는지를 알기 어렵게 되는 결점이 발생합니다. 그렇기 때문에 가령 높은 예측 정확도를 자랑하는 결과를 얻었다

고 해도 내부 구조를 알기 어렵기 때문에 이른바 블랙박스화를 초래합니다.[3]

다만 실제로 취급하는 분류 문제에 따라서는 분류 결과만 얻으면 되는 경우도 있기 때문에 블랙박스화가 꼭 나쁘다는 것은 아닙니다. 또 설명변량과 분류 결과의 관계는 알기 어렵지만 노력에 따라서는 일반화 성능을 향상 시킬 수 있다라는 점은 실무 상의 데이터 분석에서는 큰 이점이라고 생각됩니다. 결국 실제의 데이터 분석을 진행하는데 있어서 중요한 점은 대상이 되는 분류 문제의 특징과 분류 목적을 잘 파악하는 것에 있고 더 나아가 각각의 머신러닝 방법에 능숙해져서 목적에 맞는 것을 선택합니다. 예를 들면 일반화 성능이 약간의 차이뿐이라면 지표의 크고 작음에 연연하지 않고 오히려 해석을 하기 쉬운 방법을 채택하는 선택도 생각해 볼 수 있습니다.

실제 데이터 분석은 지금까지 익힌 지식 등, 종합능력을 시험할 수 있는 장이기도 합니다. 데이터에 흥미 또는 도구의 이해를 높이면서 꼭 데이터 분석력을 높여보시기 바랍니다.

....

3 서포트 벡터 머신에서는 커널을 변경하는 것으로 일반화 성능을 향상시키는 것을 생각할 수 있지만 설명변량과 분류 결과의 관계는 알기 어렵습니다.

함수

abline	24
boxplot	75
dim	65
fitted	122
hist	49
ksvm	108
lm	20
names	65
nnet	137
plot	21
predict	39, 92
qqline	51
qqnorm	51
resid	37
round	68
shapiro.test	53
sjgmoid	119
split	75
step	172
sum	37
summary	22

영문

AIC(Akaike information criterion)	171
F 검정	73
P값	23
QQ plot	51
Quantile(분위수)	51

한글

가 ~ 다

가설검정	23
결정계수	24, 57
경험분포함수	51
과적합	180
귀무가설	23
딥러닝	125

라 ~ 마

로그 오즈비	111
로지스틱 변환	113
로지스틱 시그모이드함수	114

로지스틱 회귀 모델   **114, 168, 188**

로지트 변환   **113**

로지트 회귀 모델   **113**

마진   **96**

머신러닝   **12**

(바)

변량   **18**

분류   **13**

비지도 학습   **13**

(사)

상자그림   **75**

색 지정   **24**

서포트 벡터   **97**

서포트 벡터 머신   **95, 165**

선형 분리 가능   **96**

선형 커널 방법   **102**

선형 판별 분석   **81, 162**

선형 판별 함수   **87**

선형 회귀 모델   **18**

설명 변량   **18**

슬랙 변수   **101**

신경망   **17, 191**

(아)

아웃 샘플   **179**

오버 피팅   **180**

오차 역전파법   **133**

오차항   **18**

외분산   **89**

우도함수   **42**

유의 수준   **23**

은닉층   **130**

음의 로그 변환   **158**

이상치 검출   **13**

인 샘플   **179**

일반화   **202**

일반화 선형 모델   **110**

입력층   **130**

자

재현율	198
정규방정식	32
정규성 검정	53
정밀도	198
정확도	199
제약 조건이 있는 최소화 문제	101
지도 학습	12
직선 정의	24
직선 유형	25

차 ~ 카

차원축소	13
초평면	102
최대우도 추정법	123
최소제곱 추정량	31
최소제곱법	30, 123
출력층	130
커널 함수	101

파

파라미터 추정	123
판별분석	182
표본공분산	33
표본분산	33
표본우도함수	42
표본평균	50
피드포워드 신경망	128
피설명변량	19

하

회귀	13
회귀 모델	33
회귀 직선	33

다양한 그래프, 간단한 수학, R로 배우는
머신러닝

1판 1쇄 발행 2019년 7월 10일

저 자	요코우치 다이스케, 아오키 요시미쓰
역 자	김형민
발 행 인	김길수
발 행 처	(주)영진닷컴
주 소	서울특별시 금천구 가산디지털2로 123 월드메르디앙벤처센터 2차 10층 1016호
대표전화	1588-0789
등 록	2007. 4. 27. 제16-4189호

ISBN 978-89-314-6112-1